KB124987

# 중국 키워드

종합편

중국외문출판발행사업국 · 중국번역연구원 공저
김승일(金勝一)옮김

# 중국 키워드

종합편

**초판 1쇄 인쇄** 2017년 2월 25일
**초판 1쇄 발행** 2017년 2월 27일

**지 은 이** 중국외문출판발행사업국 · 중국번역연구원
**옮 긴 이** 김승일(金勝一)
**발 행 인** 김승일(金勝一)
**디 자 인** 조경미
**펴 낸 곳** 경지출판사

**출판등록** 제2015-000026호
**주소** 경기도 파주시 산남로 85-8
**Tel :** 031-957-3890~1  **Fax :** 031-957-3889
**e-mail :** zinggumdari@hanmail.net

ISBN 979-11-88783-88-5  03320

# 중국 키워드

종합편

중국외문출판발행사업국 · 중국번역연구원 공저
**김승일**(金勝一)옮김

🌿 경지출판사

# 前言

　　《中国关键词》(第一辑)多文版系列图书内容选编自"中国关键词多语对外传播平台"项目成果."中国关键词多语对外传播平台"是中国外文出版发行事业局和中国翻译研究院组织实施的 国家重点项目,主要内容围绕以习近平同志为总书记的党中央治国理政新理念,新思想,新战略,进行中文词条专题编写,解读以及多语种编译,通过平面,网络和移动社交平台等多媒体,多渠道,多形态及时持续对外发布,旨在以国外受众易于阅读和理解的方式,阐释中国理念,解读中国思想,中国政策和中国发展道路.

　　《中国关键词》(第一辑)多文版系列图书所选词条是从"中国关键词多语对外传播平台"创建以来各文版发布的数百个词条中精选的部分内容,共计 9 册,包括英语,法语,俄语,西班牙语,阿拉伯语,德语,葡语,日语和韩语等 9 个语种,分 5 个专题,以中外文对照的方式呈现.讲故事需要关键词,讲好中国故事需要中国关键词.让我们用"中国关键词"点击中国,沟通世界.

# 서언

　　다국어 도서 시리즈인 《중국 키워드》는 "중국 키워드 다국어 대외 홍보 플랫폼[1]" 프로젝트의 주요 성과물 중 하나이다. "중국 키워드 다국어 대외 홍보 플랫폼"은 중국 외문국(外文局)과 중국번역연구원이 공동으로 시행중인 국가 중점 프로젝트이다. 주요 내용은 시진핑(習近平) 총서기를 중심으로 하는 중국공산당 중앙의 국정운영에 관한 새로운 이념, 새로운 사상, 새로운 전략 등을 중국어로 편집 해석하고, 이를 다시 다국어 버전으로 만드는 것이다. 이 플랫폼은 지면, 인터넷과 SNS(소셜 네트워크 서비스) 등을 포함한 멀티미디어, 다양한 채널, 다양한 형태 등을 통해 실시간으로 정보를 제공하기 위해 설립한 것인데, 그 목적은 외국 시청자들이 편리하게 읽고 이해할 수 있는 방식으로 중국의 이념을 소개하고, 중국의 사상, 정책, 발전방식 등을 설명하려는데 있다.

　　《중국 키워드》 다국어 시리즈의 내용은 "중국 키워드 다국어 대외 홍보 플랫폼"이 설립 된 이후, 각 언어별로 발표한 수백 개의 키워드 중에서 엄선한 것들이다. 도서 시리즈는 총 9권으로 영어, 불어, 러시아어, 스페인어, 아랍어, 독일어, 포르투갈어, 일본어, 한국어 등 9개 언어로 되어 있다. 내용은 5개 주제로 구성되어 있으며 중국어와 외국어를 대조하는 형식으로 편집되었다. 모든 스토리마다 키워드가 있듯이 중국을 잘 이해하려면 '중국 키워드'를 잘 알아야만 한다. 따라서 '중국 키워드'를 통해 중국을 보다 잘 이해하고, 이를 바탕으로 세계와 소통하는데 도움이 될 수 있으면 한다.

---

[1] 플랫폼 : 하나의 장(공간)에 여러 것(기술, 프로그램, 서비스 등)을 끌어들여 같이 이익을 누리는 것

# CONTENTS

# CONTENTS

# CONTENTS

# CONTENTS

# 종합편 · 綜合篇

# 中国梦

实现中华民族伟大复兴，是中华民族近代以来最伟大的梦想，我们称之为"中国梦"，其基本内涵是实现国家富强、民族振兴、人民幸福。中国梦归根到底是人民的梦，人民对美好生活的向往就是中共的奋斗目标。实现中国梦，必须坚持中国道路、弘扬中国精神、凝聚中国力量。中国梦是和平、发展、合作、共赢的梦，不仅造福中国人民，而且造福世界人民。实现中国梦需要每一个中国人付出辛勤劳动和艰苦努力，实干才能梦想成真。

# 중국의 꿈(중화민족의 위대한 부흥)

'중국의 꿈'은 근대 이래 가장 위대한 "중화민족의 부흥을 이룩하자"는 포부를 말한다. '중국의 꿈' 속에는 '국가의 부강', '민족의 진흥', '인민의 행복'이 내포되어 있다. 그런 점에서 '중국의 꿈'은 '인민의 꿈'을 대변하는 것이다. 인민의 아름다운 삶에 대한 열망은 바로 중국공산당이 분투하고자 하는 목표이다. '중국의 꿈'을 실현하려면, 반드시 중국의 길(中國道路)을 고수하고, 중국정신(中國精神)을 선양하며, 중국의 힘(中國力量)을 결집시켜야만 한다. '중국의 꿈'은 평화, 발전, 협력, 상생을 실현하자는 꿈으로서, 중국인민뿐만 아니라 세계인민들도 행복하게 만들자는 것이다. 이러한 '중국의 꿈'을 실현하려면 모든 중국인들은 근면하게 일해야 하고, 엄청난 노력을 해야 하며, 성실하게 매진해 나가야만 그 꿈을 이루어낼 수 있는 것이다.

# 中国精神

　　中国精神的主要内涵就是以爱国主义为核心的民族精神，以改革创新为核心的时代精神。中国的爱国主义，并不是狭隘的民族主义，而是国际视野和国际胸怀的爱国主义。以改革创新为核心的时代精神，为中华民族实现中国梦提供强大的精神动力。

# 중국정신

　중국정신의 주요 내용은 바로 애국주의를 핵심으로 하는 민족정신 및 개혁과 혁신을 핵심으로 하는 시대정신이다. 중국의 애국주의는 편협적인 민족주의가 아니라, 국제적 시각과 국제적 마인드를 가진 애국주의를 말한다. 개혁과 혁신을 핵심으로 하는 시대정신은 '중화민족의 부흥'을 염원하는 '중국의 꿈'을 실현하기 위해 필요한 강력한 정신적 원동력의 제공을 말한다.

# 中国特色社会主义

1982年，邓小平在中共十二大开幕词中指出"把马克思主义的普遍真理同我国的具体实际结合起来，走自己的路，建设有中国特色的社会主义"，第一次鲜明提出建设中国特色社会主义的重大命题。此后，建设中国特色社会主义就成为中国共产党全部理论和实践的鲜明主题。中国特色社会主义包含道路、理论体系和制度三个层面。道路是实现途径，理论体系是行动指南，制度是根本保障，三者统一于中国特色社会主义伟大实践上。中国特色社会主义，从理论和实践结合上系统回答了在中国这样人口多底子薄的东方大国建设什么样的社会主义、怎样建设社会主义这个根本问题。当前，建设中国特色社会主义，总依据是社会主义初级阶段，总布局是经济建设、政治建设、文化建设、社会建设、生态文明建设"五位一体"，总任务是实现社会主义现代化和中华民族伟大复兴。

# 중국특색의 사회주의

1982년 중국의 원로 지도자 덩샤오핑(鄧小平)은 중국공산당 제12기 당 대회 개막사에서 "마르크스주의의 일반적 진리를 중국의 구체적 현실과 결합시켜 독자의 길을 걷는 중국특색이 있는 사회주의를 건설하자"고 말함으로써 처음으로 '중국특색의 사회주의 건설'이라는 중대한 명제를 명확히 제기하였다.

이후 '중국특색의 사회주의' 건설은 중국공산당의 전체 이론과 실천의 명확한 주제가 되었다. '중국특색의 사회주의'는 '나아갈 길', '이론체계', '제도' 등 3가지 내용을 포함한다. '나아갈 길'이란 실현해 나가는 경로를 말하고, '이론체계'는 행동지침을 말하며, '제도'는 이에 대한 근본적인 보장을 말한다. 이 3자는 '중국특색의 사회주의'의 위대한 실천을 위한 통일된 기초이다. '중국특색의 사회주의'는 이론적으로 실천적으로 중국처럼 인구가 많고 기초가 약한 동방 대국에서 "어떤 사회주의를 어떻게 건설할 것인가?"라는 근본적인 문제에 대한 체계적인 대답이다. 현재 '중국특색의 사회주의 건설'은 사회주의 초기단계이다. 이 단계의 총체적 포석은 경제건설, 정치건설, 문화건설, 사회건설, 생태문명건설이라는 '5위일체(五位一體)'이며, 전반적 임무는 사회주의 현대화의 실현과 중화민족의 위대한 부흥을 이룩하는데 있다.

# 中国特色社会主义的总依据

中国特色社会主义的总依据是社会主义初级阶段。社会主义初级阶段是当代中国的基本国情、基本实际。中国共产党和中国政府在任何情况下都要牢牢把握这个国情，推进任何方面的改革发展都要牢牢立足这个实际。不仅在经济建设中要始终立足初级阶段，而且在政治建设、文化建设、社会建设、生态文明建设中也要始终牢记初级阶段；不仅在经济总量低时要立足初级阶段，而且在经济总量提高后仍然要牢记初级阶段；不仅在谋划长远发展时要立足初级阶段，而且在日常工作中也要牢记初级·阶段。

# 중국특색 사회주의의 총체적 근거

'중국특색의 사회주의 건설'은 사회주의의 초기단계이다. 사회주의의 초기단계는 현 중국의 기본 현실이자 기본적인 실정을 대변한다. 중국공산당과 중국정부는 어떤 상황에서도 반드시 국가의 이러한 실제상황을 확고하게 인식해야 한다. 어떠한 개혁이나 발전을 추진하든 간에 반드시 이러한 현실에 입각하여 추진해야 하기 때문이다. 경제건설 뿐만 아니라 정치건설, 문화건설, 사회건설, 생태문명건설에 있어서도 언제나 초기단계라는 점을 명심해야 한다. 경제규모가 작을 때나 클 때나, 장기적 발전을 계획할 때나, 일상업무를 처리할 때나 그 어느 때를 막론하고 항상 초기단계라는 실제 상황에 입각하여 임해야 한다.

# 中国特色社会主义的总布局

中国特色社会主义的总布局是经济建设、政治建设、文化建设、社会建设、生态文明建设"五位一体"。中国特色社会主义是全面发展的社会主义，坚持以经济建设为中心，在经济不断发展的基础上，协调推进政治建设、文化建设、社会建设、生态文明建设以及其他各方面建设。

# 중국특색 사회주의의 총체적 포석

　'중국특색 사회주의'의 총체적 포석은 경제건설, 정치건설, 문화건설, 사회건설, 생태문명건설의 '5위일체(5位一體)'에 바탕을 두고 있다. '중국특색의 사회주의'는 전면적으로 발전하려는 사회주의로, 경제건설을 중심으로 하면서 경제가 꾸준히 발전하는 기초 위에서 정치건설, 문화건설, 사회건설, 생태문명건설 등 기타 각 분야의 건설을 조화롭게 추진하자는 것이다.

# 中国特色社会主义的总任务

中国特色社会主义的总任务是实现社会主义现代化和中华民族伟大复兴。中国共产党从成立那天起，就肩负着实现中华民族伟大复兴的历史使命。中国共产党领导人民进行革命建设改革，就是要让中国人民富裕起来，国家强盛起来，振兴中华民族，按照现代化建设的战略部署，把中国建设成为富强民主文明和谐的社会主义现代化国家。

# 중국특색의 사회주의의 총체적 임무

'중국특색 사회주의'의 총체적 임무는 사회주의 현대화의 실현과 중화민족의 위대한 부흥을 이룩하는 것이다. 중국공산당은 창당하던 날부터 중화민족의 위대한 부흥이라는 역사적 사명을 짊어지게 되었다. 중국공산당이 인민을 인솔하여 혁명을 추진하고 건설을 하며 개혁에 나서는 것은, 중국인민들을 부유케 하고, 국가가 강성해지도록 만들며, 중화민족을 진흥시킬 수 있도록 하기 위한 것이다. 또한 현대화건설의 전략적 계획에 따라 중국을 부강, 민주, 문명, 화합의 사회주의 현대화 국가로 건설하기 위한 것이다.

# 社会主义核心价值观

中共十八大提出，倡导富强、民主、文明、和谐，倡导自由、平等、公正、法治，倡导爱国、敬业、诚信、友善，积极培育和践行社会主义核心价值观。社会主义核心价值观明确了国家、社会、公民三个层面的价值目标、价值取向、价值准则，是对社会主义核心价值体系的高度凝练和集中表达，确立了当代中国最基本的价值观念。

# 사회주의의 핵심가치관

　중국공산당 18차 대회에서는 부강, 민주, 문명, 화합을 제창하고, 자유, 평등, 공정, 법치를 선양하며, 애국, 경업[2], 성실, 우호를 고취하여 사회주의 핵심가치체제를 양성하고 시행하기로 결의했다. 국가, 사회, 시민 등 3개 차원에서 가치의 목표, 가치의 취향, 가치의 준칙을 명확하게 밝힌 '사회주의 핵심가치관'은 사회주의 핵심가치 체제에 대한 간결하고 체계화된 표현으로, 현대 중국의 가장 기본적인 가치관으로서 정립하였다.

---

2) 경업(敬業) : 맡은 일에 최선을 다하는 것

# 社会主义核心价值体系

2006年中共十六届六中全会提出建设社会主义核心价值体系，并指出社会主义核心价值体系包括四个方面的基本内容：马克思主义指导思想、中国特色社会主义共同理想、以爱国主义为核心的民族精神和以改革创新为核心的时代精神、社会主义荣辱观。

# 사회주의 핵심가치체계

　지난 2006년 중국공산당 16기 6차 전체회의에서는 '사회주의 핵심가치체계'를 구축할 것을 제시했고, '사회주의 핵심가치체계'에는 다음과 같은 4가지 내용이 포함된다고 밝혔다. 곧 '마르크스주의 지도사상', '중국특색의 사회주의 공동 이상', '애국주의를 핵심으로 하는 민족정신과 개혁·혁신을 핵심으로 하는 시대정신', '사회주의적 영욕관' 등이다.

# 顶层设计

2010年10月18日，中国共产党十七届五中全会通过的《关于制定国民经济和社会发展第十二个五年规划的建议》提出"更加重视改革顶层设计和总体规划"。由此，"顶层设计"被引入中国的改革领域，并在此后一些中央文件和会议中进一步得到强调。"顶层设计"是中国重要的改革逻辑—由中央政府从全局的角度，系统地对改革任务进行统筹规划，调配资源，高效实现目标。

# 탑 레벨의 설계 (정부의 전략관리)

2010년 10월 18일 중국공산당 17기 5중 전회에서 통과된 〈국민경제와 사회 발전 제12차 5개년 계획의 제정에 관한 건의〉는 '개혁에 대한 탑 레벨의 설계와 총체적 계획을 더욱 중요시 한다'고 밝혔다. 이에 따라 '탑 레벨의 설계'라는 개념이 중국의 개혁분야에 도입됐으며, 이후의 중앙 문건이나 회의 중에 한층 더 강조되고 있다. '탑 레벨의 설계'는 중국의 중요한 개혁논리로서 중앙정부가 전반적인 차원에서 체계적으로 개혁의 과제를 통합적으로 기획하고 자원을 분배하며 높은 효율로 목표를 달성하자는데 있다.

# "四个全面"

2014年12月，习近平在江苏省调研时，首次明确提出了"四个全面"战略布局，即全面建成小康社会，全面深化改革，面依法治国，全面从严治党。这四项工作是紧密联系在一起的：全面建成小康社会是中共十八大提出的总目标，全面深化改革与全面推进依法治国则如鸟之两翼，车之两轮，共同推动全面建成小康社会奋斗目标顺利实现。在这个过程中，全面从严治党则是各项工作顺利推进，各项目标顺利实现的根本保证。"四个全面"战略布局的提出，更完整地展现出中国新一届领导集体治国理政的总体框架。

# '4개의 전면적' 전략구상

2014년 12월 시진핑 주석은 장수성(江蘇省)을 현지 시찰하면서 '4개의 전면적' 전략구상을 처음으로 밝혔다. 이것은 바로 샤오캉(小康)[3]사회의 '전면적 건설 완성', '개혁의 전면적 심화', '전면적 의법치국'[4], '당에 대한 전면적 엄격 관리'이다. 이 4가지 사업은 서로 밀접히 연결되어 있는데, 즉 샤오캉사회의 전면적 건설은 중국공산당 18차 당 대회에서 제기한 종합 목표라 할 수 있다. 개혁의 전면적 강화와 법에 의한 치국의 전면적 추진은 새의 두 날개, 차의 두 바퀴와 같은 것으로, 샤오캉사회를 건설하는 목표에 대한 실현을 보장해 주고 있다. 이 과정에서 당에 대한 전면적이고도 엄격한 관리는 각종 사업의 순조로운 추진, 각각의 목표 달성에 대한 근본적인 보장을 하기 위함이다. '4개의 전면적' 전략구상에 대한 포석은 중국 지도부의 국정운영에 관한 총체적 윤곽을 그대로 보여주고 있는 것이다.

---

3) 샤오캉(小康)사회 : 중등 수준의 잘 사는 사회.
4) 의법치국(依法治國) : 법에 따라 국가를 다스리는 것.

# 全面建成小康社会

"小康社会"是由邓小平在20世纪70年代末80年代初在规划中国经济社会发展蓝图时提出的战略构想. 随着中国特色社会主义建设事业的深入，其内涵和意义不断地得到丰富和发展. 在20世纪末基本实现"小康"的情况下，中共十六大报告明确提出了"全面建设小康社会"，中共十七大报告在此基础上提出新的更高要求，中共十八大报告根据我国经济社会发展实际和新的阶段性特征，在党的十六大，十七大确立的全面建设小康社会目标的基础上，提出了到2020年"全面建成小康社会"的目标.

全面建成小康社会的目标主要包括：第一，转变经济发展方式取得重大进展；第二，实现两个"倍增"，即国内生产总值和城乡居民人均收入比2010年翻一番；第三，通过增强创新驱动发展新动力，进入创新型国家行列；第四，工业化基本实现，信息化水平大幅提升，城镇化质量明显提高，农业现代化和社会主义新农村建设成效显著；第五，区域协调发展机制基本形成；第六，对外开放水平进一步提高，国际竞争力明显增强.

# 샤오캉(小康)사회의 전면적 건설의 완성

'샤오캉사회(중등 수준의 잘 사는 사회)'라는 것은 덩샤오핑이 1970년대 말에서 1980년대 초에 중국경제사회발전의 비전을 계획할 때 제시한 전략적인 구상이다. 중국특색의 사회주의 건설사업의 진전에 따라 그 내용과 의미가 더욱 풍부하게 되었고 발전하게 되자, 20세기말 '샤오캉사회'가 기초적으로 실현되었다는 판단 하에, 중국공산당 16차 당 대회 보고서에서는 '샤오캉사회의 전면적 건설'이라는 목표를 제시하게 되었고, 나아가 중국공산당 17차 당 대회 보고서에서는 그러한 기초 위에서 또 다시 새롭고 더 높은 목표를 제시했다. 이어서 중국공산당 18차 당 대회에서는 중국경제사회발전의 현실과 새로운 단계적 특징에 따라 당의 16차 대회, 17차 대회에서 확정한 샤오캉사회의 전면적 건설이라는 목표를 달성하기 위해, 오는 2020년까지 '샤오캉사회 전면적 건설'이라는 목표를 내세우게 되었다. 샤오캉사회의 전면적 건설을 완성하겠다는 목표의 주요 내용은 다음과 같다. 첫째, 경제발전 방식의 전환에 중대한 진전을 이룩한다. 둘째, 2개의 '두 배 성장', 즉 국내총생산(GDP)과 도시와 농촌 주민 1인당 평균 소득이 모두 2010년보다 두 배 성장케 한다. 셋째, 혁신을 강화해 발전의 새로운 동력을 마련하여 혁신 형 국가의 대열에 진입한다. 넷째, 산업화가 기본적으로 실현되고, 정보화 수준이 대폭으로 향상되게 하며, 도시화의 질이 현저히 높아지고, 농업현대화와 사회주의 신 농촌건설에 뚜렷한 성과를 거두도록 한다. 다섯째, 지역 간의 조화로운 발전 메커니즘이 기본적으로 형성되게 한다. 여섯째, 대외개방의 수준이 더욱 높아지고 국제경쟁력이 현저히 강화되도록 한다.

# 全面深化改革

改革开放是决定当代中国命运的关键举措. 2013年11月9日至12日召开的中共十八届三中全会审议通过并发布了《中共中央关于全面深化改革若干重大问题的决定》,提出了"全面深化改革"的新主张,为实施了三十多年的改革"升级". 2013年12月30日,中央全面深化改革领导小组成立. 全面深化改革的总目标是:完善和发展中国特色社会主义制度,推进国家治理体系和治理能力现代化. 它不是推进一个领域改革,也不是推进几个领域改革,而是涉及经济、政治、文化、社会、生态文明、国防和军队以及对外开放等所有领域改革;它不是单靠某一个或某几个部门,而是需要协调各方. 全面深化改革的实现,需要进一步解放思想,紧紧依靠人民,加强和改善党的领导. 在"四个全面"战略布局中,全面深化改革是重要动力.

# 개혁의 전면적 강화

개혁개방은 현대 중국의 운명을 결정하는 매우 중요한 조치이다. 2013년 11월 9일부터 12일까지 열린 '중국공산당 18기 3차 회의(3중전회)'에서 "개혁의 전면적 강화에 관한 중대 문제에 대한 약간의 결정"이 심의 통과됐다. 당 중앙은 '개혁의 전면적 강화'라는 새로운 주장을 제시하면서 30여 년 동안 실시해온 개혁을 업그레이드시키기로 했다. 2013년 12월 30일 중국공산당 중앙위원회에 '개혁의 전면적 강화 지도팀'이 설립되었다. 개혁의 전면적 강화의 총체적인 목표는 다음과 같다. 중국 특색의 사회주의 제도를 보완 발전시켜 국가운영관리체계의 운영관리 능력의 현대화를 추진한다. 이것은 한 개 혹은 몇 개 분야에서만 개혁을 추진하는 것이 아니라, 경제, 정치, 문화, 사회, 생태문명, 국방과 군대, 대외개방 등 모든 분야에서 개혁을 하는 것이다. 또한 한 개 혹은 몇 개의 부서가 아닌, 모든 각 부서들이 조율을 통해 공동으로 추진하는 것이다.

개혁의 전면적 강화를 실현하기 위해서는 사상해방을 더욱 촉진시켜야 하고, 인민에게 군건히 의지해야 하며, 당의 지도를 강화 보완해 나가야 한다. '4개 전면(全面)'이라는 전략적 구도 하에서 '개혁의 전면적 강화'가 중요한 원동력이 되도록 해야 한다.

# 全面依法治国

依法治国是中国共产党领导人民治理国家的基本方略. 2014年10月20日至23日召开的中共十八届四中全会, 作出了"全面推进依法治国"的新部署. 它的总目标是: 建设中国特色社会主义法治体系, 建设社会主义法治国家. 为实现这一目标, 需要形成完备的法律规范体系, 高效的法治实施体系, 严密的法治监督体系, 有力的法治保障体系, 以及完善的党内法规体系. 在全面推进依法治国进程中, 要坚持依法治国, 依法执政, 法行政共同推进, 坚持法治国家, 法治政府, 法治社会一体建设, 实现科学立法, 严格执法, 公正司法, 全民守法. 当前, 中国面对的改革发展稳定任务之重前所未有, 矛盾风险挑战之多前所未有, 比以往任何时候都更加需要运用法治思维和法治方式开展工作, 解决问题, 更好发挥法治的引领和规范作用. 因此, 全面依法治国是全面建成小康社会的迫切需要, 也是全面深化改革, 全面从严治党的迫切需要.

# 전면적으로 법에 의거한 국가통치

'의법치국'은 중국공산당이 민중을 이끌고 나라를 운영 관리하겠다는 기본적인 방책이다. 2014년 10월 20일부터 23일까지 열린 '중국공산당 18기 4차 회의(4중 전회)'에서 '의법치국의 전면적 추진'이라는 새로운 방안이 제시되었다. 총체적 목표는 중국 특색의 사회주의 법치체계를 구축하여 사회주의 법치국가를 건설하자는 것이다. 이 목표의 달성을 위해서는 완비된 법률의 규범체계, 효율이 높은 법치의 실시체계, 엄밀한 법치의 감독체계, 강력한 법치의 보장체계를 형성토록 해야 한다. 또한 당내의 법규체계도 보완해야 한다. 동시에 의법치국의 전면적 추진 과정에서 의법치국, 의법집권, 의법행정의 공동 추진을 고수해야 하고, 법치국가, 법치정부, 법치사회의 일체화 건설을 견지해야 하며, 과학적인 입법, 엄격한 법집행, 공정한 사법, 전 국민의 준법 등을 실현시켜야 한다.

현재 중국이 직면하고 있는 개혁, 발전, 안정이라는 과제는 전례 없이 무겁고, 각종 모순과 위험, 그리고 도전받는 것도 전례 없이 많다. 그렇기 때문에 어느 때보다도 법치적 사고와 법치적 방식으로 일하고 문제를 풀어나가며, 법치의 선도적 역할과 규범적 역할이 발휘될 수 있기를 요구하고 있다. 따라서 전면적 의법치국은 샤오캉사회(小康社會)의 전면적 건설을 완성하는 데 있어서 절박한 요구이자, 개혁의 전면적 심화와 엄격한 당 운영관리의 전면적 추진에 있어서도 반드시 필요한 조건인 것이다.

# 全面从严治党

从严治党是中国共产党加强自身建设的一贯要求和优良传统. 2014年12月, 习近平总书记在江苏考察时, 提出了"全面从严治党"的新要求, 把管党治党提到前所未有的新高度. 所谓"全面", 从内容上来说, 就是要覆盖党的思想建设, 组织建设, 作风建设, 反腐倡廉建设和制度建设这五个方面; 从主体上来说, 就是要覆盖到党的每一级组织, 每一个党员. 所谓"从严", 就是采用更严格的标准, 对党员的要求比对普通民众的要求更严格, 党的纪律要比其他团体更严明, 党的规定要比一般法规更严格. 它的重点在于从严管理监督党的干部. 全面从严治党, 是新一届中央领导集体治国理政的鲜明特征. 它既是"四个全面"战略布局的重要组成部分, 又在其中处于关键地位, 是其他"三个全面"顺利推进的重要保证.

# 당에 대한 관리를 전면적으로 엄격히 해야 한다

당에 대한 관리를 전면적으로 엄격히 해야 한다는 것은 중국공산당 자신을 위한 일관된 요구이자 중국공산당의 우수한 전통이다. 2014년 12월 시진핑(習近平) 중국공산당 총서기는 장수(江蘇)성을 시찰하면서 '전면적 종엄치당(從嚴治黨)', 즉 당에 대한 관리를 전면적으로 엄격히 해야 한다는 요구를 새롭게 제기해 당 관리와 운영을 전례 없던 높은 차원으로 끌어올렸다.

내용적으로 '전면'이란 당의 '사상건설', '조직건설', '기풍건설', '부패척결 및 청렴정치의 건설', '제도건설' 등 5개 분야를 가리키며, 당의 각급 조직과 모든 당원들이 여기에 포함된다. '종엄'이란 더욱 엄격한 기준을 채택한다는 뜻으로, 보통 민중보다 당원에게 기준을 더 엄격하게 요구하고, 기타 단체보다 당의 기율을 더 엄격하게 적용하며, 일반 법규보다 당의 규정이 더 엄격하게 지켜져야 한다는 것을 말한다.

당에 대한 전면적 엄격관리는 새로운 중앙지도부의 국정운영에 있어서 두드러진 특징이다. 따라서 '종엄치당'은 '4개의 전면(샤오캉사회의 건설 완성, 개혁심화, 법치국가 실현, 종엄치당)' 전략의 중요한 구성부분일 뿐만 아니라, 특히 '4개의 전면적 전략' 가운데서도 결정적 위치에 놓여 있으며, 나머지 3개 전면적 전략의 순조로운 추진을 위한 중요한 보장이기도 하다.

# '四个自信'

2016年7月1日，习近平总书记在庆祝中国共产党成立95周年大会上的讲话中，在"三个自信"（道路自信，理论自信，制度自信）基础上，增加了"文化自信"，从而形成了"四个自信"的表述．实际上，早在2014年2月，习近平在主持中央政治局集体学习时，就明确提出过"文化自信"的要求．2014年全国两会期间，他参加贵州代表团审议时说，"我们要坚持道路自信，理论自信，制度自信，最根本的还有一个文化自信"．"四个自信"理念是对中国特色社会主义理论体系的丰富和创新．其中，道路自信是对中国特色社会主义道路发展方向和未来命运的自信；理论自信是对中国特色社会主义理论体系的科学性，真理性，正确性的自信；制度自信是对中国特色社会主义制度先进性和优越性的自信；文化自信是对中国自身文化价值的充分肯定，对自身文化生命力的坚定信念，"是更基础，更广泛，更深厚的自信"．"四个自信"是一个有机统一体，是中国特色社会主义的完整信念体系，相辅相成，彼此互动．

# '4가지 자신감'

2016년 7월 1일 시진핑(習近平) 총서기는 중국공산당 창당 95주년 경축대회 연설에서 "3가지에 대한 자신(도로자신, 이론자신, 제도자신)"에다가 '문화자신'을 추가하여 '4가지 자신'에 대한 이념을 제시했다.

2014년 2월 시진핑 총서기는 중앙정치국 집단학습 자리에서 '문화자신'을 가질 것을 요구했다. 2014년 양회(전국인민대표대회와 전국인민정치협상회의) 기간에 시진핑 총서기는 궤이저우(貴州) 대표단의 토론에 참가해 우리는 "3가지에 대한 자신감(도로자신, 이론자신, 제도자신)"을 고수해야만 한다. 그리고 가장 근본적인 것이 또 하나 있으니 바로 문화에 대한 자신감이다"라고 강조했다. '4개의 자신감'이라는 이념은 '중국특색 사회주의 길'이라는 이론체계를 혁신시키고 풍부하게 한다. 이중에서 '도로자신'은 중국특색의 '사회주의 길'의 발전방향과 미래 운명에 대한 자신감이고, '이론자신'은 중국특색의 사회주의 이론체계의 과학성, 진리성, 정확성에 대한 자신감이다. '제도자신'은 중국특색의 사회주의제도의 선진성과 우월성에 대한 자신감이고, '문화자신'은 중국 자신의 문화가치에 대한 충분한 확신이자 문화 생명력에 대한 확고한 신념이다. 그런 점에서 '문화 자신'은 한층 기본적이고 한층 광범위하며 한층 돈독한 자신감이라고 할 수 있다. '4가지 자신감'은 하나의 유기적인 통일체이자 중국특색 사회주의의 완전한 신념체계로서 서로 상부상조하고 상호 작용케 하는 것이다.

# 美丽中国

建设美丽中国是中国梦的重要内容. 建设美丽中国, 就是要按照尊重自然, 顺应自然, 保护自然的理念, 贯彻节约资源和保护环境的基本国策, 更加自觉地推动绿色发展, 循环发展, 低碳发展. 建设美丽中国, 就是要给自然留下更多修复空间, 给农业留下更多良田, 为子孙后代留下天蓝, 地绿, 水清的生产生活环境. 中国梦的实现不以牺牲环境为代价, 在发展经济的同时, 保护好生态环境. 建设 "美丽中国", 有利于中国的长远发展, 也将助推世界可持续发展, 更有助于实现人类共同的梦想:保护美丽的地球.

# 아름다운 중국

아름다운 중국을 건설하는 것은 '중국의 꿈'을 이루는 중요한 내용이다. 아름다운 중국을 건설하는 것은 바로 자연을 존중하고 순응하며 보호해야 한다는 이념에 따라 자원절약과 환경보호의 기본 국책을 관철시켜 더욱 자발적으로 녹색성장, 순환발전, 저탄소발전을 추진하는 것이다. 또한 아름다운 중국을 건설하는 것은 바로 자연에게는 더 많은 회복공간을, 농업에게는 더 많은 옥토를 제공하고, 후손들에게는 더 푸른 하늘과 대지, 더 맑은 물로 이뤄지는 생활환경을 남겨주자는 것이다. '중국의 꿈'을 실현하는 것은 환경의 희생을 대가로 하지 않으면서 경제를 발전시키는 동시에 생태환경을 잘 보전하자는 것이다. 아름다운 중국을 건설하는 것은 중국의 항구적인 발전 뿐만 아니라 세계의 지속가능한 발전, 더 나아가 아름다운 지구를 보전한다는 인류 공동의 꿈을 실현하는 데에도 도움이 되는 것이다.

당건설편 · 党建篇

# 民主集中制

民主集中制是中国国家政权的根本组织原则和领导原则．实行民主集中制，就是要求充分发扬民主，集体议事，使人民的意愿和要求得到充分表达和反映，在此基础上集中正确意见，集体决策，使人民的意愿和要求得以落实和满足．实行民主集中制，还要求"尊重多数，保护少数"，反对无政府主义的"大民主"，反对把个人意志凌驾于集体之上．民主集中制规定了领导和群众，上级和下级，部分和整体，组织和个人的正确关系，是维护党和国家团结统一，推进事业发展的重要保证．

# 민주집중제

민주집중제란 중국 국가정권의 근본적인 조직원칙과 지도원칙을 말한다. 민주집중제를 실시하는 것은 민주를 충분히 발양하고, 집단적으로 결정하고, 인민의 의사와 요구가 충분히 표출되고 반영될 수 있도록 하기 위함이며, 이를 바탕으로 정확한 의견을 수렴하고 집단적으로 정책을 결정하여 인민들의 의사와 요구가 관철되고 충족될 수 있도록 하자는 것이다. 또한 민주집중제의 실시는 "다수를 존중하고 소수를 보호할 것"을 요구한다. 무정부주의적 '대(大)민주'를 배제하고, 개인의 의지가 집단을 능가하는 것을 반대한다. 민주집중제는 지도자와 민중, 상급과 하급, 부분과 전체, 조직과 개인 간의 정확한 관계를 설정함으로써 당과 국가의 단결과 통일을 수호하고 사업발전을 촉진하는 것에 대한 중요한 보장이다.

# 把权力关进制度的笼子里

在中国，一切权力都是人民赋予的，只能用来为人民谋利益. 把权力关进制度的笼子里，就是要加强对权力运行的制约和监督，形成不敢腐的惩戒机制，不能腐的防范机制，不易腐的保障机制. 这三个机制实际上就是标本兼治，惩防并举的反腐倡廉体系的制度化标准. 围绕三个机制建设，中国已建立纲纪严明的制度规范，让制度发挥其应有的作用. 真正做到：任何人都没有法律之外的绝对权力，任何人行使权力都必须为人民服务，对人民负责并自觉接受人民监督.

# 권력을 제도의 울타리 안에 가둬야 한다

중국에서 모든 권력은 모두 인민에 의해 부여된 것으로 인민을 위해 이익을 도모하는 데에만 행사될 수 있다.

권력을 울타리 안에 가둔다는 것은 권력운용에 대한 규제와 감독을 강화하고 감히 부패를 저지를 생각을 못하게 만드는 처벌시스템, 부패할 수 없도록 하는 방범시스템, 쉽게 부패되지 못하게 하는 보장시스템을 구축하자는 것이다. 이 3개의 메커니즘은 현상과 원인, 처벌과 방지를 동시에 치유하고 실시하며, 부패를 척결하고 청렴을 제창하는 제도화된 기준이다. 이 3개의 시스템 구축과 관련해서, 중국은 이미 기강을 엄격히 관리할 수 있는 제도규범을 만들었고, 이 제도가 제 역할을 할 수 있도록 노력하고 있다. 이것은 다음과 같은 목표를 달성하기 위한 것으로, 즉 모든 자는 법률 이외의 절대적 권력을 가질 수 없고, 모든 자의 권력행사는 인민을 위한 것이어야 하며, 인민에 대해 책임을 지고 자발적으로 인민의 감독을 받게 하게 하려는 것이다.

# '打铁还需自身硬'

　　"打铁还需自身硬"，是中国流传已久的通俗名句，意思就是要从自己做起，以身作则，言传身教，率先垂范．2012年11月15日，中共中央总书记习近平在人民大会堂同采访十八大的中外记者见面时，提到了这句话．他引用这句中国俗语，意在强调加强中国共产党自身建设的重要性．中国共产党是执政党，党建设好，是推进中国特色社会主义事业的关键．党坚强有力，事业才能兴旺发达，国家才能繁荣稳定，人民才能幸福安康．

# '쇠를 두드리려면 자신이 단단해야 한다'

'쇠를 두드리려면 자신이 단단해야 한다'는 말은 중국에서 오랫동안 내려온 속담이다. 그 의미는 자신 스스로가 모범을 보이고 솔선수범해야 한다는 것이다. 지난 2012년 11월 15일 중국공산당 중앙위원회 시진핑 총서기는 인민대회당에서 18차 당 대회 취재진과 가진 기자회견에서 이 속담을 언급한 바 있다. 시진핑 총서기가 이를 언급한 것은 중국공산당 스스로의 건설이 중요하다는 점을 강조하기 위함이었다. 중국공산당은 집권당이기 때문에 당을 잘 건설하는 것은 중국특색의 사회주의 사업을 추진하는데 매우 중요한 사업이다. 당이 굳세고 힘이 있어야 사업이 번창해 질 수 있게 하고, 국가도 번영하고 안정되게 할 수 있으며, 국민도 행복하고 편안해 질 수 있게 할 수 있기 때문이다.

# '三严三实'

"三严三实"是习近平对各级领导干部改进作风提出的要求，即严以修身，严以用权，严以律己，谋事要实，创业要实，做人要实。严以修身，就是要加强党性修养，坚定理想信念，提升道德境界，追求高尚情操，自觉远离低级趣味，自觉抵制歪风邪气。严以用权，就是要坚持用权为民，按规则，按制度行使权力，把权力关进制度的笼子里，任何时候都不搞特权，不以权谋私。严以律己，就是要心存敬畏，勤于自省，遵守党纪国法。

谋事要实，就是要从实际出发谋划事业和工作，使点子，政策，方案符合实际情况，符合客观规律，符合科学精神，不好高骛远，不脱离实际。创业要实，就是要脚踏实地，真抓实干，敢于担当责任，勇于直面矛盾，善于解决问题，努力创造经得起实践，人民，历史检验的实绩。做人要实，就是要做老实人，说老实话，干老实事。

# '삼엄삼실'의 실천지침

'삼엄삼실'은 시진핑 총서기가 각급 지도간부들의 기풍을 개선시키기 위해 제기한 요구사항이다. 즉 '엄이수신(엄격하게 수신하다)' '엄이용권(권력을 엄격하게 사용한다)' '엄이율기(자신에게 엄격할 것을 요구한다)', '모사요실(일을 성실하게 한다)' '창업요실(창업을 성실하게 한다)' '주인요실(처신을 성실하게 한다)'을 말한다. '엄이수신'은 당원으로서의 수양을 강화하고, 이상과 신념을 굳게 하며, 도덕적 수준을 높이며, 숭고한 지조를 추구하며, 자발적으로 저속한 취미를 탈피하며, 부정한 풍조를 지양해야 한다는 것을 말한다. '엄이용권'은 인민을 위해 권력을 행사하고, 규칙과 제도에 따라 권력을 행사하며, 권력을 제도의 울타리 안에 가두고 어느 때라도 특권을 도모하지 않고, 권력을 이용하여 사리를 추구하지 않아야 한다는 것을 말한다. '엄이율기'는 경외심을 갖고 항상 자성하며, 당의 기율과 국가의 법을 지켜야 한다는 것이다. '모사요실'은 현실에 입각하여 업무와 사업을 계획하고, 아이디어·정책·방안을 실정과 객관적 규칙 그리고 과학적 정신에 부합하도록 하며, 비현실적인 것을 추구하지 않고, 실제상황을 벗어나지 않는다는 것을 말한다. '창업요실'은 현실에 근거하여 성실하게 일하고, 책임감을 갖고 용감하게 모순에 맞부딪쳐가며 문제해결을 해나가고, 실천·인민·역사의 검증을 이겨낼 수 있는 실적을 내야 한다는 것을 말한다. '주인요실'은 성실하게 말하고, 성실하게 일하는 사람이 되어야 한다는 말이다.

# 政治规矩

2015年1月13日，习近平总书记在十八届中央纪委第五次全会上的讲话中，正式提出了"政治规矩"一词. 由此开始，这一概念迅速走进公众视野并受到广泛关注. 对中共党员来说，"政治规矩"主要包括四方面内容：第一，党章是全党必须遵循的总章程，也是总规矩；第二，党的纪律是刚性约束，其中的政治纪律更是全党在政治方向，政治立场，政治言论，政治行动方面必须遵守的刚性约束；第三，国家法律是党员，干部必须遵守的规矩；第四，党在长期实践中形成的优良传统和工作惯例，也需要很好地遵守. 领导人在当下重新提倡"政治规矩"，其主要目的是为了维护党中央权威，维护党内团结统一，重塑党组织的纪律性和约束力，净化党的政治生态.

# 정치규칙

2015년 1월 13일 시진핑 중국공산당 총서기는 18기 중앙기율검사위원회 제 5차 전체회의에서 연설하면서 공식적으로 '정치규칙'이라는 단어를 제시했다. 이후 이 개념은 빠르게 민중의 시야에 들어왔고 광범위한 관심을 불러일으켰다. 중국 공산당원에게 있어서 '정치규칙'이란 다음의 4가지 내용을 담고 있다. 첫째, 당헌은 중국공산당 전체가 반드시 준수해야 할 총체적 장정(章程)이자 총체적 규칙이다. 둘째, 당의 기율은 강성적인 약속이다. 그 중 정치기율은 당 전체가 정치방향, 정치입장, 정치언론, 정치행동에서 반드시 지켜야 할 약속이다. 셋째, 국가의 법률은 당원 및 간부들이 반드시 지켜야 할 규칙이다. 넷째, 오래된 실천과정에서 형성된 당의 우수한 전통과 관례는 잘 지켜져야 한다. 지도자가 현 시점에서 다시 '정치규칙'을 강조하는 것은 당 중앙의 권위성과 당의 단결을 유지하고, 당 조직의 기율성과 구속력을 재구축하며, 당의 정치적 생태를 정화하자는데 그 목적이 있다.

정치편

· 政治篇

# 中国特色社会主义
# 政治发展道路

　　中国特色社会主义政治发展道路，是中国共产党领导中国人民把马克思主义基本原理同中国具体国情相结合，经过长期探索实践逐步开辟和形成的．其关键是坚持党的领导，人民当家作主，依法治国有机统一，核心是坚持和完善人民代表大会制度，中国共产党领导的多党合作和政治协商制度，民族区域自治制度以及基层群众自治制度，目的是不断推进社会主义政治制度自我完善和发展．

# 중국특색 사회주의의
# 정치발전 로드맵

　중국 특색의 사회주의 정치발전 로드맵은 중국 인민을 이끌고 있는 중국 공산당이 마르크스주의의 기본원리를 중국의 구체적인 현실과 결합시켜 장기적인 모색과 실천을 통해 개척하고 형성한 것이다. 그 중점은 당의 지도, 인민이 나라의 주인, 의법치국의 유기적 통일을 기하는데 있다. 그 핵심은 인민대표대회 제도, 중국공산당이 지도하는 다당 협력 및 정치협상제도, 민족지역 자치제도, 기층민중의 자치제도를 견지하고 완전하게 만들어 가는 것이다. 그 목적은 사회주의 정치제도의 자체적 완비와 발전을 추진하는 데 있다.

# 人民代表大会制度

　　人民代表大会制度是中国人民当家作主的根本政治制度．人民通过全国人民代表大会和地方各级人民代表大会，行使国家权力．中国宪法规定：中华人民共和国全国人民代表大会是最高国家权力机关．在中国，国家行政机关，审判机关，检察机关都由人民代表大会产生，对它负责，受它监督．国家的重大事项由人民代表大会决定．行政机关负责执行人民代表大会通过的法律，决议，决定．法院，检察院依法律规定分别独立行使审判权，检察权，不受行政机关，社会团体和个人的干涉．1954年9月，第一届全国人民代表大会第一次会议的召开，标志着人民代表大会制度在全国范围内正式建立．

# 인민대표대회 제도

인민대표대회 제도는 중국인민이 주인이 되는 근본적인 정치제도이다. 인민들은 전국인민대표대회와 지방 각급 인민대표대회를 통해 국가권력을 행사한다. 중국 헌법은 중화인민공화국 전국인민대표대회를 최고의 국가 권력기관으로 규정하고 있다. 중국에서 국가의 행정기관, 심판기관, 검찰기관은 모두 인민대표대회에 의해 설립되고, 인민대표대회에 대해 책임을 지고, 인민대표대회의 감독을 받는다. 국가의 중대한 사항도 인민대표대회에 의해 결정된다. 행정기관은 인민대표대회에서 통과된 법률, 결의, 결정을 수행하고, 법원, 검찰원은 법에 따라 심판권, 검찰권을 독립적으로 행사하면서 행정기관이나 사회단체 혹은 개인의 간섭을 받지 않는다. 1954년 9월 제1기 전국인민대표대회 제1차 회의가 열렸는데, 이는 전국 범위의 인민대표대회제도의 확립을 상징하는 회의였다.

# 中国共产党领导的多党
# 合作和政治协商制度

中国的政党制度既不同于西方国家的两党或多党竞争制，也有别于一些國家实行的一党制，而是中国共产党领导的多党合作和政治协商制度．中国目前共有九个政党．除中国共产党外，还有中国国民党革命委员会(1948年成立)，中国民主同盟(1941年成立)，中国民主建国会(1945年成立)，中国民主促进会(1945年成立)，中国农工民主党(1930年成立)，中国致公党(1925年成立)，九三学社(1945年成立)，台湾民主自治同盟(1947年成立)．中国政党制度的显著特征是：中国共产党领导，多党派合作，中国共产党执政，多党派参政．各党派是与中国共产党团结合作的亲密友党和参政党，而不是反对党或在野党．各党派参加国家政权，参与国家大政方针和国家领导人选的协商，参与国家事务的管理，参与国家方针政策，法律法规的制定和执行．中国共产党坚持同各党派长期共存，互相监督，肝胆相照，荣辱与共．

# 중국공산당이 영도하는 다당 협력 및 정치협상 제도

　　중국의 정당제도는 서방국가의 양당 혹은 다당 경쟁체제와는 다를 뿐만 아니라, 일부 국가에서 시행되고 있는 일당제와도 다른 중국공산당이 지도하는 다당 협력 및 정치협상제도이다. 중국에는 현재 9개의 정당이 있다. 중국공산당 외에도 중국 국민당혁명위원회(1948년 창립), 중국민주동맹(1941년 창립), 중국민주건국회(1945년 창립), 중국민주촉진회(1945년 창립), 중국농공민주당(1930년 창립), 중국지공당(致公黨, 1925년 창립), 구삼학사(九三學社, 1945년 창립), 타이완(臺灣)민주자치동맹(1947년 창립) 등이 있다.

　　중국 정당제도의 명확한 특징은 중국공산당이 지도하고, 다당파와 협력하고, 중국공산당이 집권하고, 다당파가 참정(參政)한다는 것이다. 각 당파들은 반대당이나 야당이 아니라 중국공산당과 단결하고 협력하는 친밀한 우의당(友誼党)이며 참정당이다. 각 당파들이 국가정권에 참여하고 국가 정책방침과 국가 지도자 후보 협상에 참여하며, 국가 사무관리, 국가방침, 정책, 법률법규의 제정과 집행에도 참여한다. 중국공산당은 각 당파들과 장기적으로 공존하고, 서로 감독하며, 서로 진심으로 대하면서 영욕을 함께 나누는 관계를 유지해왔다.

# 民族区域自治制度

　　中国是一个统一的多民族国家，迄今为止，通过识别并由中央政府确认的民族有56个。其中，汉族人口最多，其他55个民族人口较少，习惯上被称为少数民族。世界上的多民族国家在处理民族问题方面有不同的制度模式，中国采用的是民族区域自治。民族区域自治是在国家统一领导下，各少数民族聚居的地方设立自治机关，行使自治权，实行区域自治。民族区域自治制度是中国的一项基本政治制度。

　　1984年5月1日，中国颁布了《民族区域自治法》，把党和国家的民族区域自治政策法律化。2001年2月28日，又根据社会主义市场经济条件下出现的新情况，对这一法律进行修改，进一步确立了民族区域自治是中国一项基本政治制度的法律地位。目前，依据宪法和法律，中国共建立了155个民族自治地方，包括5个自治区，30个自治州，120个自治县（旗）。此外，还建立了1100多个民族乡。根据宪法和民族区域自治法的规定，民族自治地方拥有广泛的自治权。

# 민족지역 자치제도

    중국은 통일된 다민족국가다. 현재까지 중앙정부의 확인을 통해 확정된 것은 56개 민족에 달한다. 그 중 한(漢)족 인구가 가장 많고, 기타 55개 민족의 인구는 상대적으로 적어 관습상 소수민족이라 불리고 있다. 세계의 다민족 국가들은 민족문제를 처리하는데 서로 다른 제도와 모델을 갖고 있다. 그러나 중국은 민족지역의 자치를 채택하고 있다. 민족지역의 자치는 국가의 통일된 지도 아래 각 소수민족들이 모여 사는 지역에 자치기관을 설립하고 자치권을 행사하면서 지역자치를 실시케 하는 것이다. 민족지역 자치제도는 중국의 기본적인 정치제도 중의 하나이다.

    1984년 5월 1일 중국은 〈민족지역자치법〉을 공표하여 당과 국가의 민족지역 자치를 정책화 · 법률화시켰다. 2001년 2월 28일 사회주의 시장경제의 새로운 상황에서 이 법률을 수정하여 이것이 중국의 기본 정치제도의 하나라는 법적지위를 부여했다. 현재 헌법과 법률에 따라 중국에는 155개 민족 자치지역이 설립되어 있다. 5개의 자치구, 30개의 자치주, 120개의 자치현(縣)및 기(旗)가 포함된다. 이 밖에 1,100여 개의 민족 향(鄕)도 있다. 헌법과 민족지역 자치법에 따라 민족 자치지역은 광범위한 자치권을 보유하고 있다.

# 基层群众自治制度

随着中国的发展和进步，全国各地城乡基层民主不断扩大，公民有序地政治参与渠道增多，民主的实现形式日益丰富．目前，中国已经建立了以农村村民委员会，城市居民委员会和企业职工代表大会为主要内容的基层民主自治体系．广大人民在城乡基层群众性自治组织中，依法直接行使民主选举，民主决策，民主管理和民主监督的权利，对所在基层组织的公共事务和公益事业实行民主自治，已经成为当代中国最直接，最广泛的民主实践．截止到2012年11月，全国98%以上村委会实行直接选举，85%的村建立村民会议或村民代表会议制度，89%的社区建立居民代表大会．

# 기층민중의 자치제도

　중국의 발전과 진보에 따라 전국 각지에 있는 도시와 농촌 기층의 민주화가 꾸준히 확대되어 왔다. 주민들이 질서 있게 정치에 참여하는 경로가 많아졌고, 민주를 구현하는 형식도 날로 다양화돼 가고 있다. 현재 중국은 이미 농촌 촌민(村民)위원회, 도시 주민위원회, 기업 직장인대표대회 등을 포함하는 기층 민주자치 체계를 구축했다. 수많은 민중들이 도시와 농촌 기층민중의 자치조직 내에서 법에 따라 민주선거, 민주결정, 민주관리, 민주감독의 권리를 행사하고 있으며, 소속 기층조직의 공공사무와 공익사업에 대해 민주자치를 실시하고 있다. 이것은 현 시기 중국의 가장 직접적이고 가장 광범위한 민주의 실천이다. 2012년 11월 현재 전국 98%이상의 마을 촌민위원회에서는 직접선거를 실시했다. 또 85%에 달하는 마을에 촌민위원회회의나 촌민대표회의 제도가, 89%의 지역사회에 주민대표대회가 각각 설립되었다.

# 协商民主

　　人民通过选举，投票行使权利（即"选举民主"）和人民内部各方面在重大决策之前进行充分协商（即"协商民主"），尽可能就共同性问题取得一致意见，是中国社会主义民主的两种重要形式．社会主义协商民主是中国共产党和中国人民在社会主义民主形式方面的创造，符合中国的现实国情，契合中国的政治文化传统．它不仅关注最终的决策结果，也关注决策过程中的广泛参与，不仅强调对多数人意见的尊重，也强调少数人意见的充分表达和权利的维护，拓宽了民主的广度，从而在最大程度上实现人民民主．中国将不断推进协商民主广泛多层制度化发展，深入开展立法协商，行政协商，民主协商，参政协商，社会协商．

# 민주적 협상

　인민들은 선거와 투표를 통해 권리를 행사하고(즉 '선거민주'), 인민 내부 각 구성원들이 중대한 정책결정을 하기 전에 충분히 협상하여, 가능한 한 공동문제에 대해 일치된 의견을 도출해 내도록 하는 것이 중국 사회주의 민주의 2가지 중요한 형식이다. 사회주의 협상민주는 중국공산당과 중국인민의 사회주의민주형식 면에서의 혁신으로, 중국의 현실뿐만 아니라 중국의 정치문화 전통에도 부합된다. 이것은 최종 정책결정의 결과뿐만이 아니라, 정책결정 과정에서의 광범위한 참여도도 중요시하고 있다는 것을 말해준다. 다수의 의견에 대한 존중을 강조하면서 소수 의사의 충분한 표출과 권리의 보호도 강조하고 있어 최대한의 인민민주를 실현시키고 있는 것이다. 중국은 장차 꾸준히 협상 민주의 광범위 화, 다원화, 제도화의 발전을 추진하고자 하고 있다. 그리고 입법협상, 행정협상, 민주협상, 참정

# 统一战线

　　统一战线是中国共产党凝聚社会各方面力量，促进政党关系，民族关系，宗教关系，阶层关系，海内外同胞关系的和谐，夺取中国特色社会主义新胜利的重要法宝．新世纪新阶段，统一战线已经进一步发展成为全体社会主义劳动者，社会主义事业的建设者，拥护社会主义的爱国者和拥护祖国统一的爱国者的最广泛的联盟，具有空前的广泛性，巨大的包容性，鲜明的多样性和显著的社会性．推进中国特色社会主义事业，实现中华民族伟大复兴中国梦，必须巩固和发展最广泛的爱国统一战线，形成广泛，强大，持久的力量支持．

# 통일전선

통일전선은 중국공산당이 사회 각계의 역량을 응집하고 정당관계, 민족관계, 종교관계, 계층관계, 재외동포관계의 화합을 촉진시켜 중국특색 사회주의의 새로운 발전을 이룩하는데 필요한 중요한 비법이다. 새로운 세기에 새로운 단계에 접어들면서 통일전선은 전체 사회주의 근로자, 사회주의 사업의 건설자, 사회주의를 옹호하는 애국자 및 조국통일을 옹호하는 애국자들의 가장 광범위한 연맹으로 발전하여, 전례 없는 확대성과 거대한 포용성, 선명한 다양성과 현저한 사회성을 갖게 되었다. 중국특색의 사회주의 사업을 추진하고, 중화민족의 위대한 부흥을 추구하는 '중국의 꿈'을 이룩하기 위해서는, 반드시 가장 광범위한 애국통일전선을 공고히 하고 발전시키며, 광범위하고 강력하며 항구적으로 지지해 줄 수 있는 힘을 조성토록 해야 한다.

# 摸着石头过河

摸着石头过河，是富有中国特色，中国智慧，符合中国国情的改革方法．摸着石头过河就是摸规律．对于必须取得突破但一时还不那么有把握的改革，就先行试点，尊重实践，尊重创造，鼓励大胆探索，勇于开拓，取得经验，看得准了再推开．中国改革开放30多年来就是这样走过来的，是先试验，后总结，再推广不断积累的过程，是从农村到城市，从沿海到内地，从局部到整体不断深化的过程．这种渐进式改革，避免了因改革情况不明，举措不当而引起的社会动荡，为稳步推进改革，顺利实现目标提供了保证．摸着石头过河，符合人们对客观规律的认识过程，符合事物从量变到质变的辩证法．

不仅改革开放初期要摸着石头过河，现在全面深化改革同样还要摸着石头过河．当然，摸着石头过河也是有规则的，要按照已经认识到的规律来办，在实践中加深对规律的认识，也要在实践探索的基础上大胆突破，不能光摸石头不过河．

# "돌다리도 두들겨 보고 강을 건너야 한다"

"돌다리도 두들겨 보고 강을 건너야 한다"는 말은 중국식 특색과 중국식 지혜가 넘치고 중국의 현실에 맞는 개혁 방법이다. "돌다리도 두들겨 본다"는 것은 바로 규칙을 모색하는 것이다. 반드시 돌파구를 마련해야 하지만 일시적으로 승산이 없는 개혁에 대해서는, 먼저 실험을 하고 실천과 창조를 존중하며 대담한 탐색과 용기 있는 개척정신을 발휘하고 경험을 쌓아 현실을 정확하게 파악한 후에 전면적으로 확산시키도록 해야 한다. 중국의 개혁개방 30년은 이렇게 먼저 실험하고 평가하며 다시 보급 확대하는 것을 반복하는 과정이었고, 농촌에서 도시까지, 연해지역에서 내륙지역까지, 부분적인 것에서 전체로까지 심화시켜 가는 과정이었다. 이러한 점진적 개혁으로 인해 상황이 명확하지 않고 조치가 적절하지 않음으로 인해 조성될 수 있는 사회적 불안을 피할 수 있었고, 개혁의 안정적인 추진과 목표의 순조로운 달성을 보장할 수가 있었다. "돌다리도 두들겨 가며 강을 건너야 한다"는 것은 객관적 규칙에 대한 인식과정일 뿐만 아니라, 사물이 양적 변화에서 질적 변화로 발전하는 변증법에도 부합된다.

개혁 초기뿐만 아니라 현재 개혁을 심화하는 단계에서도 "돌다리를 두들겨 가며 강을 건너야 한다." 그러나 이렇게 하는 데에도 규칙이 있다. 즉 이미 파악된 규칙에 따라 일을 해야 하고, 실천 속에서 규칙에 대한 인식을 강화해야 한다. 또한 실천을 위해 모색하는 기반 위에서 대두되는 난제를 대담하게 돌파할 수 있도록 시도해야 하며, 돌다리만 두들기고 강을 건너지 않는 어리석음을 범해서는 안 되는 것이다.

# 治大国若烹小鲜

"治大国若烹小鲜"一语出自中国古代思想家老子所著的《道德经》. 意思是说治理大国, 如同烹煮小鱼, 关键在掌握好火候, 调和好味道, 而不可以不断翻搅. 习近平主席2013年3月在接受巴西媒体采访时提出, 领导者要深入了解复杂的国情和人民的多元需求, 要有"如履薄冰, 如临深渊"的自觉, 以烹小鲜的态度治理社会, 丝毫不敢懈怠, 丝毫不敢马虎, 必须夙夜在公, 勤勉工作.

# "큰 나라를 다스리는 것은 작은 생선을 삶듯이 해야 한다 (무엇이든 가만히 두면서 지켜보는 것이 가장 좋은 정치이다)"

"큰 나라를 다스리는 것은 작은 생선을 삶듯이 해야 한다(治大國若烹小鮮)"
는 말은 중국 고대사상가 노자(老子)가 지은 《도덕경》에 나오는 구절이다.
그 뜻은 큰 나라를 다스리는 것은 작은 생선을 삶는 것처럼 해야 한다는 것
으로, 중요한 것은 불의 강약과 맛의 조합이지 수시로 뒤집거나 휘저으면 안
된다는 것이다. 시진핑 중국 국가주석은 2013년 3월 브라질 언론과의 인터뷰
에서 "지도자는 국가의 복잡한 현실과 인민들의 다양한 욕구를 깊이 파악해
야 하고 항상 '살얼음 밟듯이 해야 하고, 깊은 연못 가장자리에 있는 것처럼
행동해야 한다(如履薄氷, 如臨深淵)'는 말처럼 언제나 자각하고 있어야 한다.
지도자는 작은 생선을 삶는 태도로 사회를 운영 관리해야 하듯이 조금도 게
을리 해서는 안 되고, 조금도 소홀히 해서도 안 되며, 반드시 밤낮없이 공무
를 수행하고 부지런히 업무를 해나가야 한다"고 말한 바 있다.

# 推进国家治理体系
和治理能力现代化

这是中共十八届三中全会提出的全面深化改革的总目标之一．"国家治理体系和治理能力现代化"是一种全新的政治理念，表明中国共产党对社会政治发展规律有了新的认识，是马克思主义国家理论的重要创新，也是中国共产党从革命党转向执政党的重要理论标志．国家治理体系就是在党领导下管理国家的制度体系，包括经济，政治，文化，社会，生态文明和党的建设等各领域体制机制，法律法规安排，是一整套紧密相连，相互协调的国家制度.

国家治理能力就是运用国家制度管理社会各方面事务的能力，包括改革发展稳定，内政外交国防，治党治国治军等各个方面.

推进国家治理体系和治理能力现代化，方向就是中国特色社会主义道路．要大力培育和弘扬社会主义核心价值体系和核心价值观，加快构建充分反映中国特色，民族特性，时代特征的价值体系.

# 국가운영 관리체제와
# 운영관리 능력의 현대화 추진

국가운영 관리체제와 운영관리 능력의 현대화를 추진한다는 것은 중국공산당 18기 3중전회에서 제기한 전면적으로 개혁을 심화시키겠다는 총체적 목표 중의 하나이다. 국가운영 관리체제와 운영관리 능력의 현대화는 참신한 정치이념이다. 이것은 중국공산당이 사회정치 발전규칙에 대해 새로운 인식을 가지고 있다는 것을 보여 준 것이었다. 이것은 또한 마르크스주의 국가이론의 중요한 혁신이자 중국공산당이 혁명정당에서 집권당으로 변신하는 중요한 이론적 상징이기도 하다. 국가운영 관리체제는 당의 지도 아래 국가를 운영 관리하는 제도체제다. 경제, 정치, 문화, 사회, 생태문명, 당 건설 등 각 분야의 메커니즘과 법률 법규 등이 포함된 것들이 서로 연결되고 서로 협조하는 국가제도이다.

국가운영 관리능력은 국가와 사회 각 분야를 관리하는 능력을 말하는데, 개혁, 발전, 안정, 내정, 외교, 국방, 당과 국가, 군대 등과 관련된 모든 분야를 포함한다. 국가운영 관리체제와 운영관리 능력의 현대화를 추진해 나가고자 하는 방향은 바로 중국특색의 사회주의가 지향하는 길이다. 사회주의의 핵심가치체제와 핵심가치관을 양성하고 이를 널리 알리도록 하며, 중국특색, 민족특성, 시대특징을 가진 가치체제를 조속히 구축해 나가자는 것이다.

# 大道至简

在中国传统文化中，"大道至简"是指大道理（基本原理，方法和规律）是极其简单的，简单到一两句话就能说明白．中国总理李克强在2015年《政府工作报告》中提出"大道至简"，在此后的一次会议中他对此作出阐释，"简"来源于《论语·雍也》"居敬而行简"，"'居敬'，就是我们作为公务人员，首先要在内心敬畏人民．'行简'就是不要用太繁多的东西来扰民."

李克强认为，这与中国政府简政放权的理念是非常吻合的.

# 세상사는 기본원리는 간단명료하다

중국 전통문화에서 '대도지간'의 기본 의미는 큰 도리(기본원리, 방법과 규칙)는 한두 마디로도 충분히 설명할 수 있을 만큼 매우 간단명료하다는 것이다. 중국 리커창(李克强) 국무원 총리가 2015년 〈정부시정보고〉 중에서 '대도지간'을 언급했고 그 후 다른 회의에서 이를 해석한 바 있다. 그는 "간(簡)은 《논어・옹야(論語・雍也)》의 '거경이행간(居敬而行簡)'에서 유래된 것이라고 하면서, '거경'은 우리가 공직자로서 내심으로 인민을 경외해야 한다는 뜻이고, '행간'은 너무 번잡한 것으로써 인민에게 해를 끼쳐선 안 된다는 뜻"이라고 말했다. 리 총리는 "이것은 중국정부의 기구와 행정절차의 간소화, 권력의 하부 이양과도 일맥상통하는 것"이라고 말했다.

# 简政放权

"简政"，即解决机构职能交叉，政出多门，人浮于事，相互掣肘的现象，解决社会公共产品和服务提供不足，行政效率低下的问题."放权"，则是解决对经济活动审批过多，审批程序复杂，审批周期长效率低的问题，解决政府管了一些不该管的事情，一些该管的事情却没管好的问题.

中国本届政府把加快转变职能，简政放权作为开门第一件大事. 到2013年底，分批取消和下放了416项行政审批等事项，2014年取消和下放审批事项200项以上. 转变政府职能的核心要义，是要切实做好"放管"结合. "'放'是放活，而不是放任；'管'要管好，而不是管死."

简政放权是为了理顺政府与市场的关系，更好地发挥市场在资源配置中的作用，归根结底是促改革调结构惠民生. 由事前审批变为事中事后监管，不是给政府工作"减压"，而是相关工作要做得更细致，监管要更到位. 这种工作方式的转变，对政府职能部门提出了更高的要求：不仅观念要变，更要增长能力，要主动研究市场规律，具备前瞻眼光，对市场发展有利的要积极鼓励，对市场发展不利的要及时调整.

# 정부기구의 간소화와 권한의 하부기관 이양

　정부기구와 행정절차의 간소화는 기구 간 기능의 교차, 여러 부서에 의한 정책 남발, 사람은 많고 일자리는 적고, 부서 간의 상호충돌, 사회의 공공제품과 서비스 제공의 부족, 행정효율의 저하 문제 등을 해결하는 것이다. 권력 이양은 경제활동에 대한 과다한 제한, 복잡하고 너무 긴 인허가 절차, 낮은 효율성 등의 문제를 해결하는 것이다. 또한 이를 통해 정부가 관리하지 말아야 할 것을 관리하고, 정작 관리해야 할 일을 제대로 관리하지 못하는 문제를 해결하자는 것이다. 현 정부는 출범하자마자 정부기능 전환과 기구 및 행정절차의 간소화, 권력의 하부 이양을 최우선 과제로 삼았다. 2013년 말까지 단계별로 416항, 2014년에는 200여 항의 행정 인허가 사항을 취소하거나 하부기관에 이관했다. 정부기능 전환의 핵심은 착실하게 이양과 관리를 결합하는 것이다. 정부는 "이양은 업무를 활성화시키는 것이지 방임하는 것이 결코 아니다, 관리는 효과적으로 관리하는 것이지 결코 활력을 잃도록 관리하는 것은 아니다"라고 설명했다. 기구와 행정절차의 간소화 및 권력의 하부이양은 정부와 시장의 관계를 확립하고 자원배치에서 시장의 역할이 잘 발휘될 수 있도록 하기 위한 것이다. 결국 개혁을 촉진하고 구조를 조정해 국민들에게 혜택을 돌리기 위한 것이 된다. 사전 심사를 사중(事中), 사후(事後) 관리로 바꾼 것은 정부업무 압력을 줄이는 것이 아니라, 관련 업무를 더욱 치밀하게 수행하고 감독관리를 더욱 제대로 하기 위한 것이다. 업무방식의 전환은 정부부서에 대해 더 높은 요구를 제기하고 있다. 즉 관념의 전환뿐만 아니라 능력을 키워야 되고, 시장규칙을 주도적으로 연구해야 하며, 예견할 수 있는 안목을 가지고 시장발전에 이로운 것을 적극적으로 장려하고, 시장발전에 불리한 것은 즉시 조정해야 한다는 것이다.

# 转变政府职能

转变政府职能是深化行政体制改革的核心，它实质上要解决政府应该做什么，不应该做什么，重点是明析政府、市场、社会的关系，即哪些事应该由市场、社会、政府各自分担，哪些事应该由三者共同承担。总体上看，改革开放以来，中国各级政府在转变政府职能方面取得了重大成就，积累了宝贵经验，有力推进了社会主义现代化建设。但现在政府职能转变还不到位，政府对微观经济运行干预过多过细，宏观经济调节还不完善，市场监管问题较多，社会管理亟待加强，公共服务比较薄弱，必须下更大决心，更大力度推进政府职能转变，以更好适应深化改革开放，加快转变经济发展方式，转变工作作风，维护社会和谐稳定的迫切要求。

# 정부기능의 전환

　정부기능의 전환이란 행정체제 개혁의 핵심으로 본질은 정부가 무엇을 해야 하고, 무엇을 하지 말아야 할 것인가라는 문제를 해결하자는 것이다. 중점은 정부, 시장, 사회 간의 관계를 명확히 밝히는 것으로 시장, 사회, 정부가 각각 어떤 일을 분담해야 할지, 또 어떤 일을 3자가 공동으로 부담해야 할지에 대해 분명히 선을 그어놓는 것이다. 총체적으로 보면 개혁개방 이래 중국의 각급 정부는 정부기능을 전환하는데 있어서 중대한 성과를 거두었고, 귀중한 경험도 축적해 사회주의 현대화 건설을 힘 있게 추진할 수 있게 되었다. 그러나 현재 정부기능의 전환은 아직 제대로 되지 않고 있다. 정부가 미시적 경제운영에 지나치게 세세하고 과다하게 개입하고 있고, 거시경제적 조정은 불완전 하며, 시장에 대한 관리 감독에도 문제가 비교적 많은 편이다. 또한 사회관리를 조속히 강화해야 할 상황이며 공공서비스도 취약하다. 개혁개방의 심화와 경제발전 방식의 전환, 업무기풍의 전환 및 사회 화합과 안정 유지에 대한 절박한 요구에 부합하기 위해서 반드시 더 큰 결심, 더 큰 힘으로 정부기능의 전환을 추진해 나가야 한다.

# 让权力在阳光下运行

权力不论大小，只要不受制约和监督，都可能被滥用．让权力在阳光下运行，就是要健全权力运行制约和监督体系，让人民监督权力，确保国家机关按照法定权限和程序行使权力．

要强化制约，合理分解和配置权力，不同性质的权力由不同部门，单位，个人行使，形成合理的权力结构和运行机制．要强化监督，着力改进对领导干部特别是一把手行使权力的监督，加强领导班子内部监督，加强行政监察，审计监督，巡视监督．纪委派驻监督要对党和国家机关全覆盖，巡视监督要对地方，部门，企事业单位全覆盖．要强化公开，推行地方各级政府及其工作部门权力清单制度，依法公开权力运行流程，让权力在阳光下运行，让人们监督，保证权力正确行使．增强权力制约和监督效果，还必须保证各级纪委监督权的相对独立性和权威性．

# 권력의 투명한 운용

권력은 크든 작든 상관없이 규제와 감독이 부재하면 남용될 가능성이 있다. 권력의 운용을 노출시키는 것은 권력운용의 규제 및 감독체계를 완전하게 구축하고, 인민이 권력을 감독할 수 있도록 하며, 국가기관들이 법적 권한과 절차에 따라 권력을 행사할 있도록 하게 하려는 것이다. 그러기 위해 규제를 강화하고, 권력을 합리적으로 분산 배치시키며, 성격이 다른 권력은 서로 다른 부서, 기구, 개인이 행사하도록 하고, 합리적인 권력구조와 운영체제를 구축하도록 해야 한다. 또한 지도간부 특히 최고 지도자의 권력행사에 대한 감독을 개선하고, 지도부 내부의 감독을 강화해야 하며, 또한 행정감찰, 감사감독, 순시감독도 강화해야 한다. 기율검사위원에서 파견하여 감독하는 것은 반드시 당과 국가기관 전체를 대상으로 해야 하고, 순시감독은 지방, 각 부서, 기업 및 사업기관을 대상으로 해야 한다. 정보공개를 늘리고, 지방의 각급 정부와 업무부서의 권력리스트를 제정하는 제도를 시행하며, 법에 의거해 권력운용의 과정을 공개하고, 권력운용을 드러내게 하여 사람들이 감독할 수 있게 만들고, 권력의 정확한 행사를 보장할 수 있도록 촉구해야 한다. 또한 권력규제와 감독의 효과를 최대화하기 위해 각급 기율검사위원회 감독권의 상대적 독립성과 권위성을 보장해 줘야 한다.

# 网络强国战略

　　网络强国战略是中国为实现由网络大国向网络强国而拟定的国家发展战略. 2014年2月，习近平提出努力把中国建设成为网络强国的战略目标，并从掌握互联网核心科技，建设健康网络文化，完善信息基础设施，加强互联网人才队伍建设，开展互联网国际合作等方面，对如何建设网络强国提出了明确的要求. 中共十八届五中全会将网络强国战略纳入"十三五"规划的战略体系，提出实施网络强国战略，从战略高度和顶层设计的角度进一步明确了建设"网络强国"的国家战略，这显示出中国领导人对信息化，网络化和现代化，全球化趋势的深刻理解和把握."十三五"期间，中国将以技术创新助推强国战略，以网络文化根植强国战略，以基础设施牢筑强国战略，以网络安全和信息化护航强国战略，以国际合作提升强国战略，向着网络基础设施基本普及，自主创新能力显著增强，信息经济全面发展，网络安全保障有力的目标不断前进.

# 인터넷 강국이 되기 위한 전략

인터넷 강국이 되기 위한 전략은 '인터넷 대국'에서 '인터넷 강국'으로 발전하기 위해 제정한 국가발전 전략이다. 2014년 2월 시진핑 총서기는 중앙 인터넷 안전 및 정보화 지도소조(小組) 제1차 회의에서, 중국을 인터넷 강국으로 건설하자는 전략목표를 제기했고, 인터넷 핵심기술의 습득, 건전한 인터넷 문화의 건설, 정보인프라의 완비, 인터넷 인재 양성의 강화, 인터넷 국제협력 등의 차원에서 인터넷 강국을 건설하기 위한 명확한 요구를 제시했다. 중국공산당 18기 5중전회는 인터넷 강국이 되기 위한 전략을 '13차 5개년 계획'의 전략적 체제에 편입시켜 인터넷 강국이 되기 위한 전략을 실시할 것을 명시하여 전략적 차원 및 탑 레벨의 설계를 해야 한다는 각도에서 '인터넷 강국'이 되기 위한 국가전략을 명확히 했다. 이것은 중국 지도자들이 정보화, 인터넷화, 현대화, 글로벌화 추세에 대해 깊이 이해하고 있고 파악하고 있음을 보여주었다. 그리하여 '13차 5개년 계획' 기간 동안 중국은 기술혁신으로 강국이 되기 위한 전략을 추진하고, 인터넷문화로써 강국이 되려는 전략을 뿌리내리도록 했으며, 인프라로써 강국이 되기 위한 전략을 공고히 구축하고, 인터넷의 안전과 정보화로써 강국이 되기 위한 전략을 보호하며, 국제협력을 통해 강국이 되기 위한 전략으로 승격시키자고 하였다. 동시에 인터넷 인프라의 대대적인 보급, 자주혁신 능력의 현저한 향상, 정보경제의 전면적 발전, 인터넷 안전에 대한 보장이라는 목표를 향해 힘차게 매진하자고 제기하였다.

# 军民融合战略

2015年3月，习近平出席十二届全国人大三次会议解放军代表团全体会议时提出，"把军民融合发展上升为国家战略"；同年10月的中共十八届五中全会上明确提出，"实施军民融合发展战略，形成全要素，多领域，高效益的军民深度融合发展格局"．这被认为是中国长期探索经济建设和国防建设协调发展规律的重大成果．实施军民融合发展战略，关键在于统筹经济建设和国防建设，使经济建设与国防建设相互促进，相互支撑，实现富国和强军的统一．为了实施好该战略，"十三五"期间，中国一方面将在国家层面加强顶层设计，把国防和军队建设规划的宏观需求纳入经济社会发展规划，并完善配套政策法规制度，加大法规建设力度．另一方面也将引入竞争激发活力，打破军工垄断体制，降低民企准入门槛，强化安全保密监管，确保资源投入有质量有效益．

# 군대와 민간영역의 융합발전 전략

2015년 3월 시진핑(習近平) 국가주석은 12기 전국인민대표대회 3차 회의 해방군 대표단 전체회의에 참석해 "군민융합을 국가전략으로 승격시켜야 한다"고 강조했다. 같은 해 10월 중국공산당 18기 5중전회에서 "군민융합 발전전략을 시행하여 전체적인 요소(要素), 다양한 영역, 군민 간 고효율의 심도 있는 융합발전 국면을 조성하자"고 명확히 제시했다. 이것은 중국이 경제 및 국방건설의 협조발전이라는 규칙에 대해 장기적으로 모색해 오는 가운데 얻어낸 중대한 성과로서 평가되고 있다.

군민 융합 발전전략을 실시하는데 중요한 열쇠는 경제건설과 국방건설을 총괄적으로 추진하여 경제건설과 국방건설을 상호 촉진시키고, 상호 지지할 수 있도록 하는데 있으며, 부국과 강군 간의 유기적 통일을 실현시키는데 있는 것이다.

이 전략의 실현을 위해 중국은 국가 차원에서 탑 레벨의 설계를 강화하여 국방과 군대 건설의 거시적 수요를 경제사회 발전계획에 편입시키고, 관련 정책에 대한 법규를 보완하며, 법규 건설의 강도를 높이는 한편 경쟁을 도입하여 활력을 불어넣고, 방위산업의 독점체제를 타파하고 민간기업이 진입할 수 있도록 문턱을 낮추고, 안전과 기밀을 위해 관리감독을 강화하며, 투입하는 자원의 품질과 효율을 확보토록 해야 한다.

# 中国人民抗日战争胜利纪念日

中国人民抗日战争胜利纪念日是指中国为纪念抗日战争胜利确定的国家纪念日. 1951年8月13日,中央人民政府政务院发布通告,将抗战胜利纪念日确定为9月3日. 2014年2月27日,中国第十二届全国人大常委会第七次会议经表决通过了将9月3日确定为中国人民抗日战争胜利纪念日的决定,以国家立法的形式再次得以确认. 2014年9月3日,中国党和国家领导人习近平,李克强,张德江,俞正声,刘云山,王岐山,张高丽等出席了在中国抗日战争纪念馆的首个纪念活动. 2015年9月3日,为纪念中国人民抗日战争暨世界反法西斯战争胜利70周年,中国举行了包括阅兵式在内的隆重的纪念活动,共有来自49个国家的政府首脑及代表出席了阅兵式等纪念活动. 以国家立法的形式确立纪念日并举行纪念和悼念活动,表明中国人民反对侵略战争,捍卫人类尊严,维护世界和平的坚定立场. 同时,也是为了警醒全世界人民时刻警惕日本军国主义死灰复燃,避免历史悲剧的重演,更好地维护世界和平.

# 중국인민의 항일전쟁 승리기념일

중국인민 항일전쟁 승리기념일은 중국이 항일전쟁의 승리를 기념하기 위해 지정한 국가기념일을 말한다. 1951년 8월 13일 중국 중앙인민정부 정무원이 공고문을 발표해 9월 3일을 항전기념일로 지정했다. 2014년 2월 27일 중국 제12기 전국인민대표대회 상무위원회 제7차 회의에서 9월 3일을 중국인민항일전쟁승리기념일로 확정한다는 결정을 표결로 통과시켜, 다시 한 번 국가입법 형식을 통해 확인했다.

2014년 9월 3일 중국 공산당과 국가 지도자들인 시진핑(習近平), 리커창(李克强), 장더장(張德江), 위정성(俞正聲), 류윈산(劉雲山), 왕치산(王岐山), 장까오리(張高麗) 등이 중국 항일전쟁기념관에서 열린 첫 기념행사에 참석했다. 2015년 9월 3일 중국은 중국인민 항일전쟁 및 세계 반파시스트 전쟁 승리 70주년을 기념하기 위해 열병식 등 성대한 기념행사를 열었다. 49개 국가의 정부 수반과 대표들이 열병식 등 기념행사에 참가했다.

국가 입법의 형식으로 기념일을 확정하고 기념 및 추모행사를 하는 것은, 중국인민이 침략전쟁을 반대하고 인류의 존엄을 지키며 세계평화를 수호한다는 확고한 입장을 표명하기 위한 것이다. 동시에 일본 군국주의의 부활에 대해 전 세계 국민들의 경계심을 불러일으켜 비극적 역사의 재연을 방지하고 세계평화를 보다 더 수호하기 위한 것이기도 하다.

# '九二共识'

"九二共识"的缘起是为实现和推进两岸协商奠定政治基础. 1992年10月底至12月初, 中国大陆的民间团体——海峡两岸关系协会与台湾的民间团体——海峡交流基金会, 经过多次磋商, 最终形成了以口头方式表达的"海峡两岸均坚持一个中国的原则"的共识, 后被称为"九二共识". 其核心是"坚持一个中国", 精髓是求同存异."九二共识"明确界定了两岸关系的性质,即大陆与台湾同属一个中国, 两岸关系不是国与国关系, 也不是"一中一台"."九二共识"是两岸关系保持和平稳定和良性互动的基础. 正是以"九二共识"为基础, 才实现了2005年4月在北京举行的国共两党领导人历史性会谈, 以及2015年11月在新加坡举行的两岸领导人历史性会晤.

# 92' 양안 안정론

〈92'컨센서스〉는 양안(兩岸, 대륙과 타이완)의 협상을 추진하고 실현시키기 위한 정치적 기반을 닦아놓으려는 목적에서 기인되었다. 1992년 10월 말부터 12월 초까지 중국 대륙의 민간 단체인 해협양안관계협회와 타이완의 민간단체인 해협교류기금회는 여러 번의 협상을 통해 "해협 양안은 모두 하나의 중국이라는 원칙을 견지한다"는 공동인식에 도달했고, 이를 최종 구두방식으로 공표했다. 그 후부터 이러한 공동인식은 〈92'컨센서스〉라고 불리게 되었다. 〈92'컨센서스〉의 핵심은 "하나의 중국을 견지한다"는 것인데, 그 핵심은 바로 '구동존이(求同存異, 차이점을 인정하면서 같은 점을 추구함)'이다. 〈92'컨센서스〉는 양안관계의 성격을 명확하게 규정했다. 즉 대륙과 타이완은 하나의 중국에 소속되어 있으며, 양안관계는 국가 대(對) 국가의 관계도 아니고, '일중일대(一中一臺, 하나의 중국, 하나의 타이완)'도 아니라는 것이다. 〈92'컨센서스〉는 양안관계가 평화와 안정을 유지하고 양호한 상호작용을 유지하는 기초이다. 바로 이와 같은 〈92'컨센서스〉의 기반이 있었기에 2005년 4월 베이징에서 국공(타이완 국민당과 중국 공산당) 양당 지도자 간에 역사적인 회담이 열릴 수 있었고, 또한 지난 2015년 11월 싱가포르에서 양안지도자들의 역사적 회동도 가질 수 있었던 것이다.

# 习马会

两岸领导人习近平，马英九于2015年11月7日在新加坡会面，就进一步推进两岸关系和平发展交换意见．这是1949年以来两岸领导人的首次会面．双方在会面时就推进两岸关系和平发展达成积极共识：肯定2008年以来两岸关系和平发展取得的重要成果．认为应该继续坚持"九二共识"，巩固共同政治基础，推动两岸关系和平发展，维护台海和平稳定，加强沟通对话，扩大两岸交流，深化彼此合作，实现互利共赢，造福两岸民众．此次会面，翻开了两岸关系历史性的一页．

# 시진핑·마잉주의 회동 (양안의 본격적인 정치대화)

중국공산당 중앙위원회 총서기이자 국가주석인 시진핑(習近平)은 2015년 11월 7일 오후 싱가포르에서 타이완(臺灣) 지도자 마잉지우(馬英九)를 만나 양안관계의 평화적 발전에 대해 의견을 나눴다. 이것은 1949년 이후 양안 지도자의 첫 번째 회동이었다. 이 만남에서 양안 지도자는 다음과 같이 양안관계의 평화적 발전에 대해 긍정적인 공감대를 형성했다. 2008년 이후 양안관계의 평화적 발전에서 이룩한 성과를 긍정적으로 평가하고, 〈92'컨센서스〉[5]을 계속 고수하여 공동의 정치적 기반을 공고히 한다고 했다. 또한 양안관계의 평화적 발전을 촉진하며, 타이완해협의 평화와 안정을 수호하고, 소통과 대화를 강화하며, 양안 의 교류를 확대하고 협력을 심화시키며, 상호이익과 상생을 실현하고, 양안 민중들에게 복지를 가져다준다는 데 의견의 일치를 보았다. 이번의 회동으로 양안관계의 새로운 장을 열었다는 평가를 받고 있다.

---

5) 1992년에 '하나의 중국'을 인정하되 각자 명칭을 사용하기로 한 합의

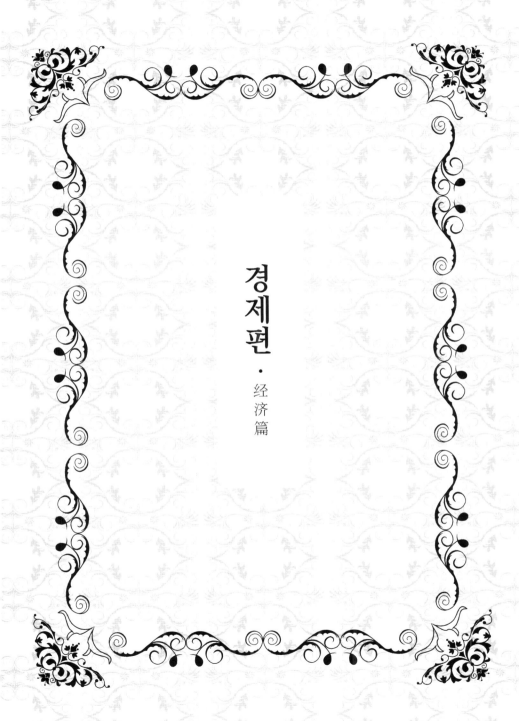

경제편

·

经
济
篇

# "两个一百年"奋斗目标

中共十八大描绘了全面建成小康社会、加快推进社会主义现代化的宏伟蓝图，发出了向"两个一百年"奋斗目标前进的时代号召。该奋斗目标是，到2021年中国共产党成立一百年时全面建成小康社会，国内生产总值和城乡居民人均收入比2010年翻一番；到2049年中华人民共和国成立一百年时建成富强民主文明和谐的社会主义现代化国家，达到中等发达国家水平。"两个一百年"奋斗目标，将中国梦的宏伟蓝图和光明前景具体化。实现"两个一百年"奋斗目标是实现中国梦的基础。

# '2개 백년'의 분투 목표

중국공산당 18차 당 대회는 "샤오캉사회의 전면적인 건설을 완성하고, 사회주의 현대화 국가를 건설하자"라는 웅장한 비전을 담은 '2개 백년'의 분투목표를 향해 전진하자는 시대적 사명을 호소했다. 먼저 중국공산당 창당 100주년을 맞는 오는 2021년까지 샤오캉사회의 전면적 건설을 완성하고, 국내총생산과 도시와 농촌주민 1인당 소득을 2010년보다 2배로 증가시키며, 이후 중화인민공화국 건국 100주년이 되는 오는 2049년까지 중국을 부강, 민주, 문명, 화합의 사회주의 현대화 국가로 발전시켜 중등 선진국가 수준에 도달하겠다는 것이다.

다시 말해 '2개 백년'의 분투목표는 '중국의 꿈'이라는 웅장한 비전과 밝은 미래를 구체화시키겠다는 목표로서, '2개 백년'의 분투목표는 곧 '중국의 꿈'을 실현하는 기반인 것이다.

# 中国经济新常态

中国经济新常态的三个主要特点：一是从高速增长转为中高速增长。二是经济结构不断优化升级，城乡区域差距逐步缩小，居民收入占比上升，发展成果惠及更广大民众。三是从要素驱动、投资驱动转向创新驱动。

新常态给中国带来的影响主要包括：经济

增速虽然放缓，实际增量依然可观；经济增长

更趋平稳，增长动力更为多元；经济结构优化

升级，发展前景更加稳定；中国政府大力简政放权，市场活力进一步释放。

# 중국경제의 새로운 상태
## (고도성장 이후 천천히 성장하는 상태)

'중국경제의 새로운 상태'는 3가지 특징을 가지고 있다. 첫째, 고속성장으로부터 중고속 성장으로 전환된다. 둘째, 경제구조가 체계화 되고, 업그레이드되며, 도시와 농촌의 격차가 축소되고, 주민소득 비율이 높아지며, 발전성과가 광범위한 민중들에게 돌아간다. 셋째, 생산요소와 투자에 의한 발전방식은 혁신에 의한 발전방식으로 전환된다.

'중국경제의 새로운 상태'가 중국에 미치는 영향은 다음과 같다. 경제성장 속도는 비록 둔화되겠지만 실질적인 양적 증가는 여전히 대단하다. 경제성장은 더욱 안정되고 성장 동력은 다원화되며, 경제구조는 체계화 및 업그레이드되고, 발전전망은 더욱 밝아진다. 또 중국 정부의 행정절차 간소화 및 권력 이양에 따라 시장의 활력도 더욱 높아진다.

# "四个没有变"

2015年7月17日，习近平在吉林长春召开座谈会时，就中国经济形势做出了"四个没有变"的归纳。此后的11月18日，他在出席亚太经合组织工商领导人峰会时，再次强调了"四个没有变"，即：中国经济发展长期向好的基本面没有变，经济韧性好、潜力足、回旋余地大的基本特征没有变，经济持续增长的良好支撑基础和条件没有变，经济结构调整优化的前进态势没有变。"四个没有变"的判断，揭示了中国经济发展的基本态势和未来趋势，表明中国有信心、有能力保持经济中高速增长，赢得了国内外的普遍认可。

# '4가지는 변하지 않는다'[6]

2015년 7월 17일 시진핑 중국공산당 총서기는 지린(吉林)성 창춰인(長春)시에서 가진 좌담회 석상에서 중국 경제상황에 대해 '변하지 않는 4가지'를 말했다. 이어 11월 18일 시진핑 총서기는 아태경제협력기구(APEC) 공상업계 정상회의에서도 재차 이를 강조했다.

'변하지 않는 4가지'란 중국 경제가 장기적으로 좋은 추세로 나갈 것이라는 경제기초(fundamental)가 튼튼하다는 것을 지칭하는 것으로, '중국경제의 탄력성과 충분한 잠재력', '큰 운용공간을 가지고 있다는 기본 특징', '경제의 지속적인 성장을 공고히 할 수 있는 기반과 조건', '경제구조가 조정되고 체계화 되는 발전태세' 등 4가지 국면은 절대로 변하지 않을 것이라는 점을 말하는 것이다.

이를 통해 중국 경제발전의 기본적인 태세와 미래의 추세를 제시할 수 있었고, 중국이 경제의 중·고속 성장을 유지할 수 있는 자신감과 능력을 가지고 있음을 보여주었던 것인데, 이는 국내외로부터 폭넓은 인정을 받았다.

---

6) 중국경제가 좋은 방면으로 발전하는 기본 관점은 장기적으로 변하지 않는다는 의미

# 改革开放

改革开放是中国共产党历史上的一次觉醒，是决定当代中国命运的关键举措，也是决定实现"两个一百年"奋斗目标、实现中华民族伟大复兴的关键举措。改革开放永无止境，只有进行时，没有完成时。

1978年12月，中国共产党召开了具有重大历史意义的十一届三中全会，开启了对内改革、对外开放的历史新时期。其目的就是要解放和发展生产力，实现国家现代化，让中国人民富裕起来。

中国改革开放最主要的成果是开创和发展了中国特色社会主义，中国的面貌、中国与世界的关系都发生了深刻的变化。中国实现了从高度集中的计划经济体制到充满活力的社会主义市场经济体制、从封闭半封闭到全方位开放的伟大历史转折。中国经济持续30年保持10%以上的增长速度，经济总量已经位居世界

第二。中国解决了13亿人的温饱问题，为世界贫困人口减少的贡献超过70%。截止到2015年，中国城镇居民人均可支配收入由343元增长到31195多元；农民人均纯收入由133元增长到11422元，人民生活总体上达到小康水平。中国主动适应并积极参与世界格局变革调整进程，以负责任大国形象展现在世人面前。2015年，根据国际货币基金组织公布的数据，中国经济对全球经济增长的贡献率超过25%。中国依靠自己的力量实现了经济社会转型，没有发生对外战争、海外殖民和大规模的社会动荡，政治体制保持稳定，法治化程度不断提升；社会生活的自由度不断扩大，民众对政府的信任度接近90%。

# 개혁개방

개혁개방은 중국공산당의 역사적 각성이자 당대 중국의 운명을 결정하는 중요한 열쇠와도 같은 조치이다. 동시에 '2개 백년'의 분투목표를 실현하고 중화민족의 위대한 부흥을 결정하는 중요한 조치이기도 하다. 개혁개방은 진행형만 있고 완성형이 없는 영원한 개념이다.

1978년 12월 중국공산당은 중대한 역사적 의미를 가진 11기 3중전회를 개최하여, 대내적으로는 개혁하고 대외적으로는 개방한다는 새로운 역사 시기를 열었다. 그 목적은 생산력을 해방 발전시켜 국가의 현대화를 실현하고, 중국인민이 부유해질 수 있도록 하는데 있었다.

중국 개혁개방의 가장 주된 성과는 중국특색의 사회주의를 개척·발전시켰고, 중국의 면모와 중국과 세계의 관계 등에 대해 중대한 변화를 가져오게 했다는데 있다. 즉 중국을 고도로 집중된 계획경제 체제로부터 활력이 넘치는 사회주의 시장경제 체제로 전환시켜 주었고, 폐쇄와 반 폐쇄의 상태로부터 전방위적 개방이라는 차원으로 전환시키는 결과를 이룩해 내게 했다는 것이다. 중국경제는 지난 30년 동안 지속적으로 10%가 넘는 성장을 유지했고, 경제규모는 이미 세계 제2위로 비약했다. 중국은 13억 인구의 의식문제를 해결해 세계 빈곤인구 퇴치에 대한 기여도가 70%를 넘었다. 2015년 현재 중국 도시주민의 평균 1인당 가처분소득(개인소득 중 소비·저축을 자유롭게 할 수 있는 소득)은 343위안에서 31,195위안으로 늘었고, 농민 평균 1인당 순수입은 133위안에서 11,422위안으로 증가해 총체적으로 인민의 생활은 샤오캉사회의 수준에 도달했다. 중국은 세계의 판도 변혁과 조정에 주도적으로 적응하거나 적극적으로 참여하면서 책임 있는 대국의 모습을 보여 주었다. 2015년 국제통화기금(IMF)이 발표한 통계에 따르면 세계경제에 대한 중국경제의 기여도는 25%를 넘었다. 중국 개혁개방의 성과는 국제사회로부터 폭넓게 인정받았으며, 중국이 발전방식을 전환시킨 독특한 경험은 국제사회의 많은 관심을 불러일으키고 있다.

# 市场在资源配置中起决定性作用

2013年11月召开的中共十八届三中全会提出，要让市场在资源配置中起决定性作用。市场决定资源配置是市场经济的一般规律，健全社会主义市场经济体制必须遵循这条规律，着力解决市场体系不完善、政府干预过多和监管不到位问题，推动资源配置依据市场机制实现效益最大化和效率最优化。做出"使市场在资源配置中起决定性作用"的定位，有利于在全党全社会树立关于政府和市场关系的正确观念，有利于转变经济发展方式，有利于转变政府职能，有利于抑制消极腐败现象。当然，发展社会主义市场经济，既要发挥市场作用，也要发挥政府作用，但市场作用和政府作用的职能是不同的。更好发挥政府作用，就要科学宏观调控，健全宏观调控体系、全面正确履行政府职能、优化政府组织结构，加强和优化公共服务，保障公平竞争，加强市场监管，维护市场秩序，推动可持续发展，促进共同富裕，弥补市场失灵，保持宏观经济稳定。

# 시장메커니즘은 혁신발전을 실현하는 과정에서 결정적 작용을 한다[7]

2013년 11월 열린 중국공산당 18기 3중전회에서 시장이 자원배치 면에서 결정적 역할을 할 수 있도록 해야 한다는 정책이 제기되었다. 시장이 자원을 배치하는 면에서 결정적 역할을 하는 것은 시장경제의 일반적인 규칙이다. 사회주의 시장경제 체제를 완전하게 하려면 이 규칙을 반드시 준수해야 한다. 또 시장체계의 불완전성, 정부의 과도한 개입과 감독관리의 결여 문제를 해결하는데 힘써야 하고, 시장메커니즘에 따른 자원배치 효과의 최대화와 체계화를 실현시켜야 한다. "시장이 자원배치 면에서 결정적 역할을 할 수 있도록 한 것"은 전체 당과 전체 사회에서, 정부와 시장의 관계에 대한 정확한 관념을 확립시키는데 도움이 되었으며, 경제발전 방식과 정부기능의 전환, 일부 부패현상의 억제에도 힘이 되고 있다. 물론 사회주의 시장경제를 발전시키려면 시장의 역할 뿐만이 아니라 정부의 역할도 발휘되어야 한다. 시장의 역할과 정부의 역할은 서로 다르기 때문이다.

정부의 역할을 더욱 발휘하려면 과학적으로 거시조정을 해나가면서 거시조정의 체계를 완벽하게 구축해 나가야 한다. 또 정부의 기능을 전면적으로 실행하고 정부의 조직구조를 체계화하며 공공서비스도 강화하고 체계화해야 한다. 동시에 공정하고 공평한 경쟁을 보장해 주고, 시장의 감독관리를 강화하며, 시장 질서를 유지하고, 지속가능한 발전을 추진하며, 공동으로 부유해 지는 것을 촉진하고, 시장의 기능상실 부분을 보완하며, 거시경제의 안정을 유지해나가도록 해야 한다.

---

7) 변화과정에서 정부와 시장과의 관계를 말함

# 发挥经济体制改革的牵引作用

中共十八届三中全会决定描绘的全面深化改革的路线图中，突出强调以经济体制改革为重点，发挥经济体制改革牵引作用。这是因为，中国仍处于并将长期处于社会主义初级阶段的基本国情没有变，人民日益增长的物质文化需要同落后的社会生产之间的这一社会主要矛盾没有变，中国是世界最大发展中国家的国际地位没有变。这就决定了经济建设仍然是中心工作。坚持以经济建设为中心不动摇，就必须坚持以经济体制改革为重点不动摇。当前，制约科学发展的体制机制障碍不少集中在经济领域，经济体制改革任务远远没有完成，经济体制改革的潜力还没有充分释放出来。经济基础决定上层建筑，经济体制改革对其他方面改革具有重要影响和传导作用，重大经济体制改革的进度决定着其他方面很多体制改革的进度，具有牵一发而动全身的作用。在全面深化改革中，我们要坚持以经济体制改革为主轴，努力在重要领域和关键环节改革上取得新突破，以此牵引和带动其他领域改革，使各方面改革协同推进、形成合力，而不是各自为政、分散用力。

# 경제체제는 개혁의 견인작용을 발휘할 수 있도록 해야 한다

중국공산당 18기 3중전회 〈결정〉에서 제시한 개혁을 전면적으로 심화시키는 로드맵은, 경제체제의 개혁에 중점을 두어 경제체제가 개혁의 견인작용을 발휘할 수 있도록 해야 한다고 강조하였다. 그 이유는 중국이 현재 또는 앞으로 장기적으로 사회주의 초기단계에 놓일 것이라는 기본 현실이 바뀌지 않고 있고, 사회의 주요 모순 즉 인민의 날로 높아지는 물질 문화적 욕구와 낙후된 사회생산 사이의 모순도 여전히 존재하고 있으며, 중국이 여전히 세계에서 가장 큰 발전도상국이라는 국제적 지위도 변화하지 않고 있기 때문이다. 이는 경제건설이 여전히 중심적 과업이라는 것을 의미하고 있다. 흔들림 없이 경제건설을 견지하기 위해서는 반드시 흔들림 없이 경제체제에 대한 개혁을 중점적으로 실시해야 한다는 것이다.

当前，制约科学发展的体制机制障碍不少集中在经济领域，经济体制改革任务远远没有完成，经济体制改革的潜力还没有充分释放出来．经济基础决定上层建筑，经济体制改革对其他方面改革具有重要影响和传导作用，重大经济体制改革的进度决定着其他方面很多体制改革的进度，具有牵一发而动全身的作用．

현재 과학적 발전을 속박하고 있는 많은 체제시스템의 장애는 경제 분야에 집중되어 있다. 경제체제 개혁의 임무를 완수하기까지는 아직도 길이 멀고, 경제체제 개혁의 잠재력도 아직 충분히 발휘되지 못하고 있는 실정이다. 경제기초가 상부구조를 결정하듯, 경제체제 개혁은 기타 분야의 개혁에 대해서도 중요한 영향력과 선도적 역할을 한다. 중대한 경제체제 개혁의 진전은 다른 많은 분야의 체제개혁의 진도를 결정하면서 전반적인 파급효과를 가져오게 할 수가 있다. 개혁의 전면적인 심화 과정에서 우리는 반드시 경제체제의 개혁을 주축으로 하여 중요한 분야와 결정적 고리의 개혁에서 새로운 돌파구를 만들어야 한다. 이를 통해 기타 분야의 개혁을 선도하고 각 분야의 개혁을 협동적으로 추진해 각개전투, 즉 힘의 분산을 초래하지 않도록 해야 한다.

# 转方式、调结构、稳增长

自"十二五规划"(2011-2015)以来，"转方式、调结构、稳增长"一直是中国宏观经济及各部门各地区的重要政策目标。转方式，就是推动经济发展方式由粗放型增长到集约型增长，从低级经济结构到高级、优化的经济结构，从单纯的经济增长到全面协调可持续的经济发展的转变。调结构，就是通过调整国民经济各组成部分的地位和相互比例关系，使其更加合理化、高级化，适应并促进生产力的发展。

稳增长就是坚持扩大内需、稳定外需，大力发展实体经济，努力克服各种不稳定不确定因素的影响，保持经济平稳运行。

# 방식전환, 구조조정, 성장안정

'12차 5개년계획(2010~2015)' 실시 직후부터 '방식전환, 구조조정, 성장안정'은 줄곧 중국 거시경제 및 각 부서, 각 지역의 중요한 정책목표였다. '방식전환'이란 경제발전방식을 조방형(粗放型)[8] 성장에서 집약적 성장으로, 저급 경제구조에서 고급 및 체계화된 경제구조로, 단순한 경제성장에서 전면적·화합적·지속가능한 경제성장으로 전환하는 것이다. '구조조정'이란 국민경제 각 구성부분의 위치와 상호 비례관계를 조정하고 이를 더욱 합리화·고급화시켜 생산력 발전을 촉진시키는 것이다. '성장안정'이란 내수 확대와 수출 안정을 견지하고 실물경제를 발전시키며 불안하고 불확정적인 각종 요소의 영향을 극복하여 경제의 안정적 운영을 유지케 하는 것이다.

---

8) 투입량은 많고, 생산량은 적으며, 소모와 낭비가 심한방식

# 五大发展理念

2015年10月26日至29日在北京召开的十八届五中全会，首次提出了"创新、协调、绿色、开放、共享"的五大发展理念。该理念强调，要把创新摆在国家发展全局的核心位置，要正确处理发展中的重大关系，要坚持节约资源和保护环境的基本国策，要奉行互利共赢的开放战略，坚持发展为了人民、发展依靠人民、发展成果由人民共享，等等。五大发展理念的提出，集中反映了中国共产党对经济社会发展规律认识的深化，为中国共产党带领全国人民全面建成小康社会提供了有力的思想指导。

# 5대 발전이념

2015년 10월 26일부터 29일까지 베이징에서 열린 18기 5중전회에서 처음으로 '혁신, 조화, 녹색, 개방, 공유'라는 5대 발전이념을 제시했다. 이 이념들은 혁신을 국가발전 전반의 핵심적 위치에 놓아야 하고, 발전과정에서 생기는 중대한 관계를 정확하게 처리해야 하며, 에너지 절약과 환경보호의 기본 국책 을 고수하고, 윈-윈하며 상생하는 개방전략을 수행하며, 인민을 위한, 인민에 의한 발전과 발전성과를 인민이 공유토록 해야 한다는 것을 강조했다.

5대 발전이념의 제기는 중국공산당이 사회경제발전 규칙에 대한 인식의 강화를 반영한 것으로, 이는 중국공산당이 전체 인민을 이끌고 샤오캉사회를 전면적이고 성공적으로 건설하는 일을 추진하는 데 있어서 필요한 사상적 지도이념을 제공해 주었다.

# 创新发展

作为"五大发展理念"之一，创新发展注重的是解决中国发展的动力问题．中国领导人把创新作为引领发展的第一动力，期望以此实现从要素驱动转向创新驱动，从依赖规模扩张转向提高质量效益，加快形成以创新为主要引领和支撑的经济体系和发展模式．"十三五"期间，中国将把发展基点放在创新上，增强自主创新能力，并从培育发展新动力，拓展发展新空间，深入实施创新驱动发展战略，大力推进农业现代化，构建产业新体系，构建发展新体制，创新和完善宏观调控方式等七个着力点，绘制，实施创新发展的路线图．

# 혁신발전

혁신발전은 '5대 발전이념'의 하나로, 중국 발전에 필요한 추진력 문제를 해결하는데 역점을 두고 있다. 중국의 지도자들은 혁신을 발전의 '제1 동력'으로 규정하고 이를 통해 요소(要素) 구동방식에서 혁신 구동방식으로, 규모의 확장에서 품질 효율 향상으로의 전환을 실현해, 혁신이 이끌고 혁신이 지탱하는 경제체제와 발전모델의 구축을 기대하고 있다. 중국은 '13차 5개년 계획' 기간 동안 발전의 기점을 혁신에 두고, 자주혁신 능력을 강화해 나갈 것이다. 또한 신 발전 동력의 양성, 새로운 발전공간의 개척, 혁신적 발전전략의 깊이 있는 시행, 농업현대화의 추진, 새로운 산업체계의 확립, 새로운 발전체제의 구축, 거시적 조절 방식의 혁신 및 보완 등 7개의 분야를 역점으로 삼아 혁신발전의 로드맵을 제정·시행해 나갈 것이다.

# 协调发展

作为"五大发展理念"之一，协调发展注重的是解决中国发展中的不平衡问题。中国以往高速发展过程中出现和积累的不平衡，不协调，不可持续问题，已经成为继续发展的"短板"。"十三五"期间，中国将会增强发展协调性，其重点有三：促进城乡区域协调发展，旨在破解城乡二元结构难题；促进经济社会协调发展，旨在改变"一条腿长，一条腿短"失衡问题；促进新型工业化，信息化，城镇化，农业现代化同步发展，致力于在增强国家硬实力的同时注重提升国家软实力，增强发展整体性。

# 협력발전

협력발전은 '5대 발전 이념'의 하나로, 중국 발전과정에서 나타난 불균형 문제를 해결하는데 역점을 두고 있다. 과거 고속 성장발전 과정에서 발생해 축적된 불균형, 부조화, 지속불가능 등의 문제는 이미 지속발전을 가로막는 취약점이 되었다. 중국 지도부는 '13차 5개년 계획' 기간 동안 협력발전을 강화해 나 갈 것이다. 그 역점은 3가지이다. 첫째, 도시와 농촌 간의 협조발전을 촉진하여 도시와 농촌이라는 2원 구조문제를 해결한다. 둘째, 경제사회의 협력발전을 촉진하여 '한쪽 다리가 길고 한쪽 다리가 짧다'는 불균형 문제를 해결한다. 셋째, 신형 도시화, 정보화, 농업현대화의 동반발전을 촉진시켜 국가의 물질적 요소인 하드 파워를 강화하는 동시에 국가의 정신문화적 요소인 소프트 파워를 향상시켜 발전의 정체성을 강화시켜 나갈 것이다.

# 绿色发展

作为"五大发展理念"之一，绿色发展注重的是解决人与自然和谐相处的问题."十三五"期间，中国将遵循绿色发展理念，在促进人与自然和谐共生，加快建设主体功能区，推动低碳循环发展，全面节约和高效利用资源，加大环境治理力度，筑牢生态安全屏障等六个方面下功夫，推动建立绿色低碳循环发展产业体系，致力于把生态文明建设融入经济，政治，文化，社会建设的各方面和全过程，以期让中华大地青山常在，绿水长流，蓝天永驻.

# 녹색성장

녹색성장은 '5대 발전이념' 중의 하나로서 사람과 자연이 화목하며 어울리는 데 역점을 두고 있다. '13차 5개년 계획' 기간 동안 중국은 녹색성장의 이념에 따라 사람과 자연의 공존과 화목, 주체적 기능구역 건설, 저탄소 순환발전, 에너지의 전면적인 절약과 효율적 이용, 환경복원의 강화, 생태안전 장치의 구축 등 6개의 분야에 노력을 기울일 것이다. 이를 통해 녹색 저탄소 순환발전 산업체제의 구축을 추진하고, 생태문명을 경제·정치·문화·사회 건설에 전면적으로 적용시키며, 녹색성장을 전체 과정에 관철시켜, 중국의 푸른 산, 맑은 물, 푸른 하늘을 영원히 보전해 나갈 것이다.

# 开放发展

作为"五大发展理念"之一，开放发展注重的是解决中国发展内外联动的问题. 中国从六个方面对开放发展进行了部署：完善对外开放战略布局，形成对外开放新体制，推进"一带一路"建设，深化内地和港澳、大陆和台湾地区合作发展，积极参与全球经济治理，积极承担国际责任和义务. 这显示出深度融入世界的中国期望以开放发展实现合作共赢，有效促进中国和世界的共同发展.

# 개방발전

개방발전은 '5대 발전이념' 중의 하나로 중국발전 내·외부의 상호작용 문제를 해결하는데 역점을 두고 있다. 중국은 다음과 같은 6개 분야에 개방발전의 포석을 깔아놓았다. 즉 대외개방의 전략적 포진을 보완하고, 대외개방의 새로운 체제를 형성시키며, 일대일로(실크로드 경제지대와 21세기 해상 실크로드)를 추진하고 본토와 홍콩, 마카오, 타이완지역과의 협력발전을 강화하며, 글로벌 경제운영에 참여하고 국제적 책임과 의무를 적극적으로 부담하는 것이다. 이것은 세계와 이미 깊이 융합되어 있는 중국이 개방발전을 통해 협력과 상생을 실현하고, 효과적으로 세계와 공동발전을 촉진하겠다는 염원을 보여주는 것이다.

# 共享发展

作为"五大发展理念"之一，共享发展注重的是解决社会公平正义问题。让人民群众共享改革发展成果，是社会主义的本质要求，是社会主义制度优越性的集中体现，也是中国共产党坚持全心全意为人民服务根本宗旨的必然选择。共享发展的明确指向，在于促进公平正义，实现人的全面发展。中国就共享发展作出增加公共服务供给，实施脱贫攻坚工程，提高教育质量，促进就业创业，缩小收入差距，建立更加公平更可持续的社会保障制度，推进健康中国建设，促进人口均衡发展等八个方面的部署。

这既是有效的制度安排，也是中国"十三五"期间推动共享发展的重要着力点。

# 공유발전

공유발전은 '5대 발전이념' 중의 하나로 사회의 공평과 정의문제를 해결하는데 역점을 두고 있다. 인민대중이 개혁과 발전의 성과를 누릴 수 있도록 하는 것은 사회주의의 본질적 요구사항이자 사회주의 우월성의 집중적인 구현이다. 또한 중국공산당이 인민을 위해 전심전력으로 봉사한다는 근본적인 취지를 고수하기 위한 필연적인 선택이기도 하다. 공평과 정의를 촉진시키고 인간의 전면적 발전을 이룩하는 것은 공유발전의 명확한 방향이다. 공유발전을 위해 중국은 8개 분야의 과제를 제시했다. 즉 공공서비스 공급을 늘리고, 빈곤퇴치를 해결하며, 교육의 질을 향상시키고, 취업과 창업을 촉진시키며, 소득격차를 축소하고, 더욱 공평하고, 더욱 지속가능한 사회보장제도를 수립하며, '건강중국'의 건설을 추진하고, 인구의 균형발전을 촉진시킨다는 것이다. 이것은 효과적인 제도적 준비일 뿐만 아니라 중국 '제13차 5개년 계획' 기간 동안 공유발전을 추진하는 데 있어서 중요한 역점 사업이기도 하다.

# 打好扶贫攻坚战

改革开放30多年来，中国经济社会发展取得很大成就，人民生活水平总体上发生很大变化，几亿贫困人口脱贫，完成这期间全世界超过70%的减贫任务。但由于中国还处在社会主义初级阶段，由于国家大，各地发展条件不同，中国还有为数不少的困难群众，扶贫开发依然任重道远。按照农民年人均纯收入2,300元的扶贫标准，到2015年底，中国农村贫困人口还有5,575万人；按世界银行的标准，中国农村贫困人口大约还有2亿多。可见，中国扶贫的工作已经进入"啃硬骨头"阶段。这种背景下，从2014年开始，中国将每年10月17日设立为"扶贫日"。中国将加大投入力度，动员社会各方面力量共同向贫困宣战，深入推进扶贫开发，继续打好扶贫攻坚战，帮助困难群众早日脱贫致富，稳定实现扶贫对象不愁吃，不愁穿，保障其义务教育，基本医疗，住房，努力推动贫困地区经济社会加快发展。

# 빈곤 부축 개발공략전

　개혁·개방 30여 년 동안 중국의 경제사회 발전은 커다란 성과를 거두었다. 국민들의 생활수준은 전반적으로 큰 변화가 있었고, 수억 명의 빈곤인구가 가난에서 탈출해 전 세계 70%의 빈곤퇴치 과제를 완수했다. 그러나 중국은 아직까지 사회주의 초기단계에 놓여있고, 각 지역 간의 발전환경도 각기 다르기 때문에 아직도 많은 빈곤인구가 존재하고 있다. 따라서 중국의 빈곤 퇴치의 길은 아직 멀다고 할 수 있다. 농민 1인당 빈곤기준인 연간 순수입 2,300위안에 못 미치는 중국농촌의 빈곤인구는 2015년 말 현재 5,575만 명에 달하고 있다. 세계은행의 기준에 따르면 중국의 농촌 빈곤인구는 2억 명을 넘는다. 따라서 중국의 빈곤 퇴치사업은 가장 어려운 단계에 접어들었다고 할 수 있다. 이러한 배경 속에서 2014년부터 중국은 매년 10월 17일을 '빈곤퇴치의 날'로 정했다. 중국정부는 투자를 늘리는 동시에 사회각계의 힘을 동원해 '빈곤과의 전쟁'을 선포해 빈곤퇴치개발을 적극 추진하고, 빈곤퇴치 공격전을 벌이고 있다. 빈곤인구가 조속히 빈곤에서 탈출할 수 있게 하고, 대상자들이 의식주 걱정 없이 삶을 누릴 수 있도록 하며, 빈곤층의 의무교육, 기본의료, 주거를 보장하면서 빈곤지역의 경제사회 발전을 힘차게 추진해 나갈 것이다.

# 精准扶贫，精准脱贫

    2014年12月11日闭幕的中国中央经济工作会议，首次在中央工作层面明确提出了精准脱贫的概念；2015年6月18日，习近平在贵州调研时强调，扶贫开发"贵在精准，重在精准，成败之举在于精准"，"精准扶贫"随后成为社会各界热议的关键词。2015年11月3日发布的"十三五规划建议"中，进一步作出"实施精准扶贫，精准脱贫"的工作部署。精准脱贫，就是要防止用经济收入的平均数掩盖大多数，更加注重保障基本民生，更加关注低收入群众生活。精准扶贫，则是要做到对贫困人口进行精确识别，精确帮扶，对扶贫工作做到精确管理。中央明确提出精准扶贫，精准脱贫，是因为中国的扶贫开发工作已进入"啃硬骨头，攻坚拔寨"的冲刺期。为了真正实现"精准"目标，习近平提出了"扶贫对象精准，措施到户精准，项目安排精准，资金使用精准，因村派人精准，脱贫成效精准"的具体要求。

# 빈곤 구제의 정밀화, 빈곤 탈피의 정밀화

2014년 12월 11일 폐막한 중국 중앙경제공작회의에서 처음으로 '빈곤 구제의 정밀화'에 대해 명확하게 제시했다. 2015년 6월 18일 시진핑 중국공산당 총서기는 궤이저우(貴州)성에서 실시한 현지 연구조사 기간 중 "빈곤 구제에 있어서 중요한 것은 '정밀화'이며, 그 중점도 '정밀화'에 있으며, 성패도 '정밀화'에 달려 있다"고 밝힌 바 있다. 이후 '빈곤 구제의 정밀화'는 사회 각계가 토론하는 화제가 되었다.

2015년 11월 3일 발표한 '제13차 5개년 계획 건의'에는 '빈곤구제의 정밀화'와 '빈곤 탈피의 정밀화'에 관련된 사업계획이 나와 있다. '빈곤 탈피의 정밀화'란 경제소득의 평균치로 대다수의 소득수준을 계산하는 것을 지양하고, 기본적인 민생보장을 더욱 중요시하며, 저소득층에 대해 더욱 관심을 가져야 한다는 것을 말한다. '빈곤 탈피의 정밀화'는 빈곤인구를 정확하게 파악하고, 정확하게 도움을 주면서, 정확하게 빈곤 탈피사업을 관리하는 것이다. 중국공산당 중앙이 '빈곤 구제의 정밀화'와 '빈곤 탈피의 정밀화'를 제시한 것은 중국의 빈곤퇴치 개발사업이 이제 가장 어려운 결승선에 들어섰기 때문이다. 시진핑 총서기는 '정밀화'라는 목표 달성을 위해 다음과 같은 구체적인 요구를 제시했다. 빈곤 탈피의 대상을 가가호호까지 실시하는 조치를 정밀하게 하고, 사업계획을 정밀하게 하며, 자금사용을 정확하게, 마을마다에 대한 인원 파견을 정확하게, 빈곤 탈피의 효과를 정확하게 해야 한다고 제시했다.

# 生态红线

生态红线，亦称生态保护红线，是指在自然生态服务功能，环境质量安全，自然资源利用等方面，需要实行严格保护的空间边界与管理限值，以维护国家和区域生态安全及经济社会可持续发展，保障人民群众健康.

生态红线是国家生态安全的底线和生命线，这个红线不能突破，一旦突破后果必将危及生态安全，人民生产生活和国家可持续发展. 中国政府正在通过精心研究和论证，确定究竟哪些要列入生态红线，如何从制度上保障生态红线，把良好生态环境尽可能保护起来.

生态红线一旦确立，全国就要一体遵行，决不能逾越.

# 생태보호 레드라인(생태환경 보전지역)

'생태 레드라인' 또는 '생태보호 레드라인'이라는 것은 국가와 지역의 생태안전 및 경제사회의 지속가능한 발전을 보호하고 국민 건강을 보장하기 위해, 자연생태기능, 환경안전, 자연자원 이용 등 분야에서 엄격히 보호해야 할 공간이나 관리의 경계치를 말한다.

'생태 레드라인'은 국가 생태안전의 마지노선이자 생명선이다. 이 레드라인을 밟아서는 안 된다. 일단 밟게 되면 반드시 생태안전과 국민들의 생활 및 국가의 지속 가능한 발전을 위협하게 된다.

중국정부는 어떤 것을 '레드라인의 대상'으로 편입해야 할 지, 어떻게 제도적으로 '생태 레드라인'을 설정하여 생태환경을 보호해 나가야 할지를 확정하기 위해, 세심한 연구와 논증을 벌이고 있다. '생태 레드라인'이 일단 확정되면, 전국 어느 곳이든지 반드시 지켜야 하며, 이 선을 넘어가서는 안 되는 것이다.

# 生态补偿制度

中共十八届三中全会《决定》提出实行生态补偿制度. 生态补偿制度, 是以防止生态环境破坏, 增强和促进生态系统良性发展为目的, 以从事对生态环境产生或可能产生影响的生产, 经营, 开发, 利用者为对象, 以生态环境整治及恢复为主要内容, 以经济调节为手段, 以法律为保障的新型环境管理制度. 它可分为广义和狭义两种. 广义包括对污染环境的补偿和对生态功能的补偿, 狭义则专指对生态功能或生态价值的补偿. 中国政府将坚持谁污染环境, 谁破坏生态谁付费和谁受益谁补偿原则, 完善对重点生态功能区的生态补偿机制, 推动地区间建立横向生态补偿制度.

# 생태보상제도

중국공산당 18기 3중전회에서 통과된 〈결정〉은 '생태보상제도'의 실시를 제시했다. '생태보상제도'는 생태환경의 파괴를 방지하고 생태시스템의 '선(善) 순환적 발전'[9]을 모색하기 위해 마련된 제도이다. 이 제도는 생태환경에 영향을 미치거나 미칠 가능성이 있는 생산, 경영, 개발, 이용자를 대상으로 한다. 생태환경의 정비와 회복을 주요 내용으로 하며, 경제조정을 수단으로 하고 법적으로 보장하는 신형 환경관리제도이다. 이 보상제도는 광의적인 것과 협의적인 것 두 가지가 있다. 광의적 제도는 환경오염에 대한 보상과 생태기능에 대한 보상을 포함하고, 협의적 제도는 생태기능과 생태가치의 보상을 말한다. 중국정부는 환경 오염자와 환경 파괴자가 비용을 부담하고 수익자가 보상하는 원칙을 고수해 나갈 것이다. 이를 통해 중점 생태기능지역의 생태보상 메커니즘을 보완하고, 지역 간 수평적 생태보상제도의 구축을 추진하고 있다.

---

9) 좋은 현상이 자꾸 되풀이 되면서 발전하는 것

# 战略性新兴产业

所谓战略性新兴产业，就是那些潜在市场大，带动能力强，吸收就业多，综合效益好的产业，比如节能环保，新一代信息技术，高端装备制造，集成电路，物联网，先进制造，新能源，新一代移动通信，大数据等．中国将适应产业竞争格局新变化，加快培育这些产业发展，构建"核心技术—战略产品—工程与规模应用"的创新价值链，拓展产业发展空间，培育市场竞争新优势．

# 전략적 신흥산업

'전략적 신흥산업'이란 시장의 잠재력과 선도적 역할이 크며, 일자리를 많이 창출하면서 종합적인 효과가 좋은 산업을 말한다. 예를 들어 에너지 절약 및 친환경 산업, 차세대 정보기술, 첨단설비제조업, 집적회로, 사물인터넷, 선진제조업, 신에너지산업, 차세대 이동통신산업, 빅데이터 등이다. 중국은 산업경쟁의 판도변화에 적응하면서 이러한 산업발전에 박차를 가하고 있다. 동시에 '핵심기술－전략제품－공정 및 규모적 적용'이라는 혁신가치의 사슬을 구축하고, 산업의 발전공간을 확장하면서 시장경쟁에서 새로운 우위를 점할 수 있도록 육성해 나갈 것이다.

# 创新驱动发展战略

实施创新驱动发展战略，就是要推动以科技创新为核心的全面创新，坚持需求导向和产业化方向，坚持企业在创新中的主体地位，发挥市场在资源配置中的决定性作用和社会主义制度优势，增强科技进步对经济增长的贡献度，形成新的增长动力源泉，推动经济持续健康发展。主要措施包括：营造激励创新的公平竞争环境，建立技术创新市场导向机制，强化金融创新的功能，完善成果转化激励政策，构建更加高效的科研体系，创新培养，用好和吸引人才机制，推动形成深度融合的开放创新局面，等等。中国将力争到2020年，基本形成适应创新驱动发展要求的制度环境和政策法律体系，为进入创新型国家行列提供有力保障。

# 혁신을 통한 발전전략

중국이 '혁신을 통한 발전전략'을 실시하는 것은 과학기술 혁신을 핵심으로 하여 전면적인 혁신을 추진하고, 수요를 유도하고 산업화의 방향을 고수하며, 기업은 혁신의 주체라는 지위를 견지하고, 시장은 자원배치에 있어서 결정하는 역할을 담당하며, 사회주의 제도의 우위성을 발휘하고, 과학기술 진보가 경제성장에 미치는 기여도를 높이며, 새로운 성장 동력을 조성하여 지속적으로 건강한 경제발전을 추진하자는 데 그 목적이 있다. 그에 대한 주요 조치는 다음과 같다. 혁신을 장려하는 공정경쟁의 환경을 조성하고, 기술혁신으로 시장을 유도하는 메커니즘을 구축하며, 금융혁신의 기능을 강화하고, 혁신성과의 전환을 장려하는 정책을 보완하며, 고효율의 과학연구체제를 구축한다. 또한 인재양성, 인재활용, 인재유치 체제를 혁신하고, 이들이 깊이 융합된 개방·혁신국면을 조성한다. 중국은 혁신형 국가 대열로의 진입을 확보하기 위해, 오는 2020년까지 혁신을 통한 발전에 필요한 제도적 환경과 정책, 법률체제를 기본적으로 구축할 계획이다.

# 大众创业，万众创新

习近平在2014年12月的中央经济工作会议上提出要"营造有利于大众创业，市场主体创新的政策制度环境"。此前，李克强在2014年9月的夏季达沃斯论坛上也曾提出，要掀起"大众创业""草根创业"的新浪潮，形成"万众创新""人人创新"的新态势。"大众创业，万众创新"是实现中国经济提质增效升级的"新引擎"，其目的在于尊重人民群众的主体地位，充分发挥其无限创造力，让他们平等参与现代化进程，共同分享改革红利和发展成果。推动大众创业，万众创新，可以扩大就业，增加居民收入，有利于促进社会纵向流动和公平正义，同时也可以让中国民众在创造财富的过程中，更好地实现精神追求和自身价值。

# 대중 창업, 만인 혁신

　　시진핑 중국공산당 중앙 총서기는 2014년 12월 열린 중앙경제공작회의에서 "대중 창업자와 시장주체들이 혁신정책의 제도적 환경을 조성해야 한다'고 제기한 바 있다. 이에 앞서 리커창(李克强) 중국 국무원 총리는 2014년 9월 열린 하계 다보스포럼에서 '대중 창업' '풀뿌리 창업'의 붐을 일으켜 '만인 대중의 혁신' '사람마다 혁신(人人創新)'이라는 새로운 태세를 조성해야 한다고 말했다. '대중의 창업, 만인의 혁신'은 중국경제의 질을 높이고 효율을 향상시키며 업그레이드 시킬 수 있는 '새로운 엔진'이다. 그 목적은 민중들의 주체적 지위를 존중하고, 무한한 창조력을 충분히 발휘케 하며, 평등하게 현대화 과정에 참여케 하고, 개혁의 보너스와 발전의 성과를 누릴 수 있도록 하는데 있다. '대중 창업, 만인 혁신'의 추진은 일자리를 창출할 수 있고, 주민들의 소득을 늘릴 수 있으며, 사회의 수직적 유동과 공평 정의에도 유리하다. 동시에 중국민중들이 부를 창출하는 과정에서 정신적 추구와 자신의 가치를 실현할 수 있도록 도와준다.

# 新型城镇化道路

在中国这样一个拥有13亿人口的发展中大国实现城镇化，在人类发展史上没有先例. 粗放扩张，人地失衡，举债度日，破坏环境的老路不能再走了，也走不通了. 在这样一个十分关键的路口，必须走出一条新型城镇化道路，切实把握正确的方向.

新型城镇化道路是从社会主义初级阶段基本国情出发，遵循规律，因势利导，使城镇化成为一个顺势而为，水到渠成的发展过程. 坚持把城镇化质量明显提高摆在突出位置来落实. 坚持以人为本，推进以人为核心的城镇化；坚持优化布局，促进大中小城市和小城镇合理分工，功能互补，协同发展；坚持生态文明，着力推进绿色发展，循环发展，低碳发展；坚持传承文化，发展有历史记忆，地域特色，民族特点的美丽城镇.

# 신형 도시화로의 로드맵

중국과 같이 13억 인구를 보유한 개발도상국에서 도시화를 실현한다는 것은 인류 역사에서 전례가 없는 일이다. 조방식[10] 확장, 인구와 토지의 불균형, 과도한 채무, 환경파괴 같은 옛길은 이제 더 이상 갈 수가 없고 또한 통하지도 않는다. 갈림길에 선 중국은 반드시 새로운 도시화의 길을 걸어야 하고 정확한 방향을 확실하게 잡아야 한다.

'신형 도시화로의 로드맵'은 사회주의 초기단계라는 기본 현실에서 출발하여 규칙을 준수하며, 추세에 따라 또한 갖가지 여건의 구비에 따라 자연적으로 형성되는 발전과정이다.

우선 도시화의 질을 높이는 것을 최우선 과제로 추진해야 한다. 동시에 인본주의를 견지하고 인간을 핵심으로 하는 도시화를 실현해야 한다. 또한 도시 분포를 체계화하고 대 · 중 · 소 도시와 지방 소규모 행정단위 간의 합리적 분공(分工), 기능상의 상호보완, 협동 발전을 촉진시켜야 한다. 이와 함께 생태문명을 중요시하여 녹색성장, 순환성장, 저탄소성장을 힘 있게 추진하며, 문화를 전승하여 역사경험, 지역특성, 민족특성을 살리는 아름다운 도시를 건설해야 한다.

---

10) 투입량은 많고, 생산량은 적으며, 소모와 낭비가 심한방식

# 供给侧改革

2015年11月20日，在中央财经领导小组第十一次会议上，习近平首次提出了"供给侧改革"这一重要理念．"供给侧"是相对于"需求侧"而言的，它是从供给和生产端入手，通过鼓励企业创新，促进淘汰落后，化解过剩产能，降低税费负担等方式，解放生产力，提升竞争力，从而促进经济发展．"供给侧改革"更加注重经济结构的优化，核心在于提高全要素生产率，政策手段包括简政放权，放松管制，金融改革，国企改革，土地改革，提高创新能力等．"供给侧改革"的提出，旨在加大结构性改革力度，进一步释放内需潜力，激发供给活力，以创新供给带动需求扩展，以扩大有效需求倒逼供给升级，实现稳增长和调结构互为支撑，互促共进．

# 공급 측에 대한 개혁
## (시스템의 뒷받침이 필요하다)

2015년 11월 20일 중앙재경(財經)지도소조 제11차 회의에서 시진핑 국가주석은 처음으로 '공급 측 개혁'이라는 중요한 이념을 제기했다. '공급 측'이란 '수요 측'과 대비되는 것으로, 공급과 생산 측면에서부터 착수하여 기업의 혁신을 장려하고, 낙후하고 과잉된 생산능력을 도태시키거나 제거하며, 세무비용의 부담을 줄이고, 생산력을 해방시키며, 경쟁력을 향상시키는 등 일련의 조치를 통해 경제발전을 촉진시키자는 것이다. 경제구조의 체계화를 한층 중요시하는 '공급 측 개혁'의 핵심은 전면적인 생산성 향상에 있다. '공급 측 개혁'의 수단에는 행정기구 및 절차의 간소화, 권력의 하부이양, 통제의 완화, 금융개혁, 국유기업 개혁, 토지개혁, 혁신능력의 제고 등이 있다. '공급 측 개혁'의 목적은 구조개혁의 강도를 높이고 내수시장의 잠재력을 방출하며 공급의 활력을 불어넣는데 있다. 또한 공급의 혁신을 통해 수요 확대를 이끌고 이 같은 유효 수요의 확대를 통해 공급 측의 업그레이드를 추진하는 데 있다. 이를 통해 안정적 성장 및 구조개혁의 상호 지지와 상호 촉진을 실현하는 것이 그 목적이다.

# "中国制造 2025"

2015年5月8日，中国国务院正式印发《中国制造2025》，成为中国实施制造强国战略第一个十年的行动纲领．文件中透露，"中国制造2025"的总体思路是，坚持走中国特色新型工业化道路，以促进制造业创新发展为主题，以加快新一代信息技术与制造业深度融合为主线，以推进智能制造为主攻方向，强化工业基础能力，提高综合集成水平，完善多层次人才体系，实现中国制造业由大变强的历史跨越．它的目标是：到2020年，基本实现工业化，制造业大国地位进一步巩固，制造业信息化水平大幅提升；到2025年，制造业整体素质大幅提升，创新能力显著增强，全员劳动生产率明显提高，工业化和信息化融合迈上新台阶．"中国制造2025"的实施，也将会为世界各国带来更多的合作机遇，共同推动制造业整体向前发展．

## 〈중국제조 2025〉
## "2025년까지 제조업 강국의 대열에 참여하자"

2015년 5월 8일 중국 국무원은 〈중국제조 2025〉를 공식 발표했다. 이것은 제조업 강국이 되려는 전략의 첫 번째 10년에 대한 행동강령이 되었다. 문건에 따르면 〈중국제조 2025〉는 총체적으로 볼 때 중국 특색의 새로운 산업화의 길을 고수하고 제조업의 혁신발전을 촉진시키는 것을 주제로 하며, 차세대 정보기술과 제조업의 깊은 융합을 뼈대로 하고, 지능적 제조를 주방향으로 하고 있다. 이를 통해 산업 기초능력의 강화, 종합 집적 수준의 향상 및 다차원적인 인재체계의 보완을 통해 제조업 대국에서 제조업 강국으로의 역사적 도약을 실현하는 것을 목표로 하고 있다.

〈중국제조 2025〉의 목표는 우선 2020년까지 기본적인 산업화를 실현하고, 제조업 대국의 지위를 확고하게 하며, 제조업의 정보화 수준을 대폭 향상시킨다는 것이다. 또한 2025년까지 제조업 전체의 질을 대폭 향상시키고, 혁신능력을 현저히 강화시키며, 전체 노동생산성을 크게 제고시키고, 산업화와 정보화의 융합을 새로운 단계로 진입시키는 것이다. 동시에 〈중국제조 2025〉의 실시는 세계 각국에게 더 많은 협력의 기회를 제공하고 공동으로 제조업 전체의 발전을 추진하도록 만들 것이다.

# 国家大数据战略

大数据是以容量大、类型多、存取速度快、应用价值高为主要特征的数据集合。2014年3月，大数据首次写入中国中央政府工作报告；2015年10月，中共十八届五中全会正式提出"实施国家大数据战略，推进数据资源开放共享"。这表明中国已将大数据视作战略资源并上升为国家战略，期望运用大数据推动经济发展，完善社会治理，提升政府服务和监管能力。此举可以促使中国政府从"权威治理"向"数据治理"转变，促进政府与民众的沟通互联，提高政府应对各类事件和问题的智能化水平。同时，中国希望通过推行国家大数据战略，加快大数据发展核心技术研发及应用，重构国家综合竞争优势，赢得未来发展先机。

# 국가 '빅 데이터' 전략

'빅 데이터'는 용량이 크고 유형이 많으며 액세스(access, 예입과 인출) 속도가 빠르고 응용가치가 높다는 것을 특징으로 하는 데이터의 집합이다. 2014년 3월 '빅 데이터'는 처음으로 중국 중앙정부 업무보고서에서 언급됐고, 2015년 10월 열린 중국공산당 18기 5중전회에서는 "국가 빅 데이터 전략을 시행하여 데이터자원의 개방과 공유를 추진하자"고 제시했다. 이것은 중국이 이미 '빅 데이터'를 전략적 자원으로 삼고 있으며 국가전략의 차원으로 승격시켰음을 시사해 주는 것이었다. 즉 '빅 데이터'를 활용하여 경제발전을 추진하고 사회의 운영관리를 보완하며, 정부의 서비스능력과 감독관리 능력을 향상시킬 것을 기대하고 있다는 것을 보여준 것이다. 이 조치는 중국정부가 '권위적 운영관리'로부터 '데이터에 의한 운영관리'로 전환하는 것을 촉진시키고, 정부와 인민대중 간의 소통과 연결을 강화하며, 정부의 지능화 수준을 향상시켜 다양한 사건과 문제에 대비할 수 있도록 만들 것이다. 동시에 중국은 국가 '빅 데이터' 전략의 시행을 통해 '빅 데이터' 발전 핵심기술의 연구개발과 응용을 가속화시켜 국가 종합경쟁력의 우위성을 재구축하고, 미래발전의 기회를 선점할 것을 기대하고 있다.

# 中国(上海)自由贸易试验区

中国(上海)自由贸易试验区于2013年9月29日在上海浦东外高桥挂牌成立．这是中国在新形势下推进改革开放的一项重大举措，旨在为全面深化改革和扩大开放探索新路径，积累新经验，促进各地区共同发展．试验区的总体目标是：经过两至三年的改革试验，加快转变政府职能，积极推进服务业扩大开放和外商投资管理体制改革，大力发展总部经济和新型贸易业态，加快探索资本项目可兑换和金融服务业全面开放，探索建立货物状态分类监管模式，努力形成促进投资和创新的政策支持体系，着力培育国际化和法治化的营商环境，力争建设成为具有国际水准的投资贸易便利，货币兑换自由，监管高效便捷，法制环境规范的自由贸易试验区，为中国扩大开放和深化改革探索新思路和新途径．试验区的主要任务是按照先行先试，风险可控，分步推进，逐步完善的方式，形成与国际投资，贸易通行规则相衔接的基本制度框架，涉及加快政府职能转变，扩大投资领域开放，推进贸易发展方式转变，深化金融领域的开放创新，完善法制领域的制度保障等五方面．同时，试验区还致力于营造相应的监管和税收制度环境．

# 중국(상하이)자유무역시험구

중국(상하이)자유무역시험구는 2013년 9월 29일 푸동(浦東) 와이까오차오(外高橋)에 간판을 내걸었다. 이 자유무역실험구의 설립은 중국이 새로운 국내외정세 속에서 개혁개방을 추진하겠다는 중대한 조치였다. 목적은 개혁의 전면적 강화와 개방의 확대를 위해 새로운 길을 모색하고 새로운 경험을 쌓으며 각 지역의 공동 발전을 촉진시키고자 하는데 있다.

시험구의 총체적 목표는 2년 내지 3년의 개혁실험을 통해 정부의 기능을 전환시키고, 서비스산업의 개방 확대와 외국 상인의 투자관리체제에 대한 개혁을 추진하며, 글로벌 헤드쿼터 경제와 신형 무역업태를 대대적으로 발전시키고, 자본계정 태환과 금융서비스업의 전면 개방을 조속히 검토하고, 화물상태의 분류를 감독 관리하는 모델을 모색하며, 투자와 혁신을 촉진하는 정책지원 시스템 구축을 추진하고, 국제화·법제화된 비즈니스 경영환경을 조성하며, 투자무역이 편리하고, 화폐가 자유롭게 태환되며, 감독관리가 간편하고, 법제 환경이 규범화된 국제수준의 자유무역시험구를 건설해 중국의 개방 확대와 개혁 강화를 위한 새로운 아이디어와 새로운 경로를 제공하는데 있다. 시험구의 주요 임무는 다음과 같다. 먼저 시행하고 먼저 실험하며, 리스크를 통제하고, 사업을 단계별로 추진하면서 점차 보완하는 방식을 통해 국제적인 투자 무역 통용규칙과 맞물리는 기본제도 프레임을 구축한다. 이것은 정부기능의 전환, 투자영역의 개방 확대, 무역발전방식의 전환, 금융분야의 개방과 혁신, 법제분야의 제도보장 등 5개 분야와 관련된다. 동시에 시험구는 감독관리와 세수의 제도적 환경 조성에도 힘을 기울일 계획이다.

# 京津冀协同发展

京津冀协同发展是中国的重大国家战略，其核心是有序疏解北京非首都功能，调整经济结构和空间结构，探索出一种人口经济密集地区优化开发的模式，促进区域协调发展，走出一条发展的新路子。京津冀协同发展的范围包括北京市，天津市以及河北省的保定等11个地级市，环保，交通和产业升级转移是三个重点领域。中国政府发布的《京津冀协同发展规划纲要》的突出特点是，通过寻求发展来解决环境和社会经济问题，同时也通过环境的约束性为发展打下基础。

# 징(베이징) · 진(톈진) · 지(허베이)의 협동발전

징진지의 협동발전은 중국의 중대한 국가발전 전략이다. 핵심은 베이징의 비 수도적 기능을 분산시키고, 경제구조와 공간 구조를 조정하면서 인구집중지역의 체계화된 개발모델을 모색하고, 지역 간의 협동발전을 촉진시켜 발전의 새로운 길을 개척해 나가자는 것이다. 징진지 협동발전의 범위는 베이징시, 톈진(天津)시, 허베이(河北)성의 바오딩(保定)을 비롯한 11개 지역의 도시를 포함하며, 환경보호, 교통, 산업 이전 등 3개의 중점분야로 구성되어 있다. 중국정부가 발표한 〈징진지 협동발전계획강요〉의 가장 두드러진 특징은 발전을 통해 환경 및 사회경제 문제를 해결하는 동시에 친환경적 발전을 위한 기반을 구축하자는데 있다.

# 亚洲基础设施投资银行

2013年10月，中国国家主席习近平提出了筹建亚洲基础设施投资银行(简称亚投行)的倡议. 随后，中国与相关国家开展协商谈判.

2014年10月24日，包括中国，印度，新加坡等在内21个首批意向创始成员国的财长和授权代表在北京签约，共同决定成立亚投行.

2015年12月25日，历经800余天筹备，由中国倡议成立，57国共同筹备的亚洲基础设施投资银行正式成立. 现已确定亚投行总部设在北京，法定资本为1000亿美元. 它是一个有政府间性质的亚洲区域多边开发机构，重点支持基础设施建设，旨在促进亚洲区域的建设互联互通和经济一体化的进程，并且加强中国及其他亚洲国家和地区的合作. 它也是一个开放，包容的多边开发银行，欢迎所有有兴趣的域内外国家加入，共同为促进亚洲地区基础设施建设和经济发展做出贡献.

# 아시아인프라투자은행(AIIB)

2013년 10월 시진핑(習近平) 주석은 아시아인프라투자은행(AIIB) 설립을
제창한 직후, 중국은 관련 국가와 협상을 진행했다. 2014년 10월 24일 중국,
인도, 싱가포르 등을 포함한 21개 1차 회원국의 재무부 장관과 권한을 위임
받은 대표들이 베이징에 모여 협정을 체결해 아시아인프라투자은행을 설립
하기로 결정했다. 2015년 12월 15일까지 800일 간의 준비를 거쳐 중국이 제
창하고 57개 국가가 공동으로 참여하는 아시아인프라투자은행이 정식으로
출범하였다. 아시아인프라투자은행은 정부 간 성격의 아시아지역 다자개발
기구로서 아시아 각국의 인프라건설을 중점적으로 지원한다. 설립 목적은
아시아지역 국가 간의 상호연결과 경제일체화 과정을 촉진시키고, 중국과
기타 아시아 국가 및 지역 간의 협력을 강화하는데 있다. 이 기구는 또한 개
방적이고 포용적인 다자개발은행으로서, 관심을 가지고 있는 모든 역외 국
가들이 가입하여 아시아지역의 인프라건설과 경제발전에 기여하기를 환영
하고 있다.

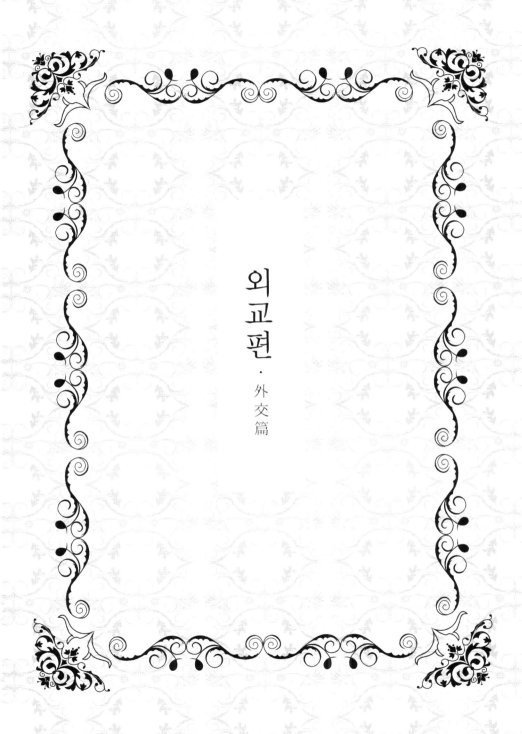

외교편 · 外交篇

# 和平共处五项原则

1954年，中国，印度，缅甸共同倡导了互相尊重主权和领土完整，互不侵犯，互不干涉内政，平等互利，和平共处五项原则．这是国际关系史上的重大创举，为推动建立公正合理的新型国际关系作出了历史性贡献．和平共处五项原则生动反映了联合国宪章宗旨和原则，并赋予这些宗旨和原则以可见，可行，可依循的内涵．60多年来，历经国际风云变幻的考验，和平共处五项原则作为一个开放包容的国际法原则，集中体现了主权，正义，民主，法治的价值观．新形势下，中国将继续坚持和弘扬和平共处五项原则，同国际社会一道，推动建设持久和平，共同繁荣的和谐世界．

# 평화공존 5원칙

1954년 중국, 인도, 미얀마가 공동으로 상호 주권과 영토보전 존중, 상호 불가침, 상호 내정 불간섭, 평등호혜, 평화공존이라는 5원칙을 제창했다. 이것은 국제관계사의 중대한 창조적인 원칙으로 공정하고 합리적인 신형 국제관계의 수립을 위해 역사적 공헌을 하였다.

'평화공존 5원칙'은 유엔헌장의 취지와 원칙을 생생하게 반영했을 뿐 아니라, 볼 수 있고 실천할 수 있으며 따라 할 수 있는 내용을 그 취지와 원칙에 부여했다. 지난 60여 년간 국제적 풍운의 시련을 이겨낸 '평화공존 5원칙'은 개방적이고 포용적인 국제법 원칙으로서 주권, 정의, 민주, 법치의 가치관을 집중적으로 구현해 왔다. 새로운 정세 속에서 중국은 계속 평화공존 5원칙을 견지하고 선양할 것이며, 국제사회와 더불어 항구적 평화와 공동번영, 화해세계의 건설을 추진해 나갈 것이다.

# 和平发展道路

和平发展道路归结起来就是：既通过维护世界和平发展自己，又通过自身发展维护世界和平；在强调依靠自身力量和改革创新实现发展的同时，坚持对外开放，学习借鉴别国长处；顺应经济全球化发展潮流，寻求与各国互利共赢和共同发展；同国际社会一道努力，推动建设持久和平，共同繁荣的和谐世界。中国将坚定不移走和平发展道路，同时也将推动各国共同坚持和平发展。中国将积极承担更多国际责任，同世界各国一道维护人类良知和国际公理，在世界和地区事务中主持公道，伸张正义。中国主张以和平方式解决国际争端，反对各种形式的霸权主义和强权政治，永远不称霸，永远不搞扩张。中国主张坚持共赢精神，追求本国利益的同时兼顾别国利益，做到惠本国，利天下，推动走出一条合作共赢，良性互动的路子。中国改革开放30多年的历史已经证明，和平发展是中国基于自身国情，社会制度，文化传统作出的战略抉择，顺应时代潮流，符合中国根本利益，符合周边国家利益，符合世界各国利益。

# 평화발전의 길

결과적으로 말하자면 평화발전의 길이란 세계평화의 수호를 통해 자신을 발전시키고, 자신의 발전을 통해 세계평화를 수호하겠다는 것이다. 또한 자신의 힘과 개혁, 혁신에 의해 발전을 이룩하는 동시에, 대외개방을 견지하고, 타국의 장점을 배우며, 경제 글로벌화의 발전추세에 따라 각국과 서로 윈-윈하는 상생과 공동 발전을 추구하자는 것이다. 나아가 국제사회와 함께 노력하여 항구적 평화와 공동번영, 화해세계를 건설해 나가겠다는 것이다.

중국은 동요 없이 평화발전의 길을 걸어 나갈 뿐만 아니라 각국이 평화발전의 길을 견지해 나갈 것을 촉구할 것이다. 중국은 더 많은 국제적 책임을 부담할 것이고, 세계 각국과 함께 인류의 양심과 국제공리(公理)를 수호하고, 세계와 지역사무에 있어서 공평한 태도를 취하고 정의를 신장해 나가도록 할 것이다. 중국은 평화적 방식으로 국제분쟁을 해결할 것을 주장하고, 모든 형식의 패권주의와 강권정치를 반대하며, 영원히 패권을 추구하지 않을 것이고 확장도 하지 않을 것이다. 중국은 상생의 정신을 주장하고, 자국의 이익을 추구하는 동시에 타국의 이익도 고려한다. "자국이 혜택을 입고, 천하를 이롭게(惠本國, 利天下)"하듯이 협력 상생하고 순조롭게 상호작용을 할 수 있는 길을 열어나가고자 한다.

개혁개방 30여 년의 역사가 보여주듯이 평화발전은 중국이 자국의 현실, 사회제도, 문화전통에 입각한 전략적인 선택이다. '평화발전의 길'은 시대의 흐름에 순응하는 것이며, 중국의 근본적 이익만이 아니라 주변국가의 이익에도 부합하고 세계 각국의 이익과도 일치하는 것이다.

# 维护国家核心利益

中国走和平发展道路，倡导合作共赢是以坚决维护国家核心利益为底线的．中国的核心利益包括：国家主权，国家安全，领土完整，国家统一，中国宪法确立的国家政治制度和社会大局稳定，经济社会可持续发展的基本保障．习近平总书记指出："我们要坚持走和平发展道路，但决不能放弃我们的正当权益，决不能牺牲国家核心利益．任何外国不要指望我们会拿自己的核心利益做交易，不要指望我们会吞下损害中国主权，安全，发展利益的苦果．"

# 국가의 핵심이익을 수호하자

중국이 평화발전의 길을 걸어가고 협력 상생을 제창하는 것은 국가의 핵심이익을 과감하게 수호하는 것을 전제로 하고 있다. 중국의 핵심이익은 다음과 같은 내용을 포함하고 있다. 즉 국가주권, 국가안전, 영토보전, 국가통일, 중국헌법에 의해 확립된 국가정치제도와 사회전반의 안정, 경제사회의 지속가능한 발전에 대한 기본보장이다.

시진핑 주석은 "우리는 평화발전의 길을 걷겠지만 결코 우리의 정당한 권익을 포기할 수 없으며 국가의 핵심이익을 희생시켜선 안 된다. 어느 외국도 우리가 중국의 핵심이익을 가지고 거래하는 것을 바라서는 안 된다. 중국이 자국의 주권, 안전, 발전이익을 손상시키는 쓴잔을 마실 것을 기대해선 안 될 것이다"라고 말한 바 있다.

# 新型国际关系

2015年9月28日，在世界反法西斯战争胜利和联合国成立70周年之际，中国国家主席习近平首次登上联合国讲台，向世界清晰阐述了以合作共赢为核心的新型国际关系理念．他提出，"我们要继承和弘扬联合国宪章的宗旨和原则，构建以合作共赢为核心的新型国际关系，打造人类命运共同体."建立平等相待，互商互谅的伙伴关系，营造公道正义，共建共享的安全格局，谋求开放创新，包容互惠的发展前景，促进和而不同，兼收并蓄的文明交流，构筑尊崇自然，绿色发展的生态体系，上述"五位一体"，构成了新型国际关系的主要体系．构建新型国际关系，是中国领导人对攸关人类前途命运的诸如和平与发展等关键问题给出的中国答案．以合作共赢为核心，新型国际关系蕴含着对实现世界和平，发展，公平，正义，民主，自由等全人类共同价值的关怀，亦是对联合国崇高目标的深刻思考．

# 신형 국제관계

2015년 9월 28일 '세계 반파시스트 전쟁 승리 및 유엔 창립 70주년'을 맞이하여 시진핑 중국 국가주석은 처음으로 유엔에서 전 세계를 향해 상생협력을 핵심으로 하는 신형 국제관계의 이념을 명확하게 밝혔다. 그는 "유엔헌장의 취지와 원칙을 계승 선양하고 상생협력을 핵심으로 하는 신형 국제관계를 구축하여 인류의 운명공동체를 만들어야 한다"고 제기했다.

시 주석은 서로 평등하게 대하고 서로 협상하며 서로 이해하는 동반자 관계를 구축하고 공평하고 정의로우며 공동으로 건설하고 공유하는 안보 구도를 조성하고 개방과 혁신, 포용과 호혜의 발전 비전을 확립하고, '화이부동'[11]과 '겸수병축'[12] 하는 문명교류를 촉진시키고, 자연을 소중히 여기고 녹색성장 체계를 구축해야 한다는 5가지를 역설했다.

이 같은 '5위일체'는 신형 국제관계의 주요 체계를 이루고 있다. 신형 국제관계의 구축은 중국 지도자가 평화와 발전 등 인류의 미래 운명과 관련된 문제에 대해 제시한 '중국의 해답'이다. 이 해답은 상생협력을 핵심으로 하여 세계의 평화, 발전, 공평, 정의, 민주, 자유 등 공동가치를 고려한 내용을 담고 있다. 또한 유엔의 숭고한 목표에 대한 깊은 사고이기도 하다.

---

11) 화이부동(和而不同) : 화목하고 협조는 하되 올바른 뜻까지 굽혀서는 안 된다.
12) 겸수병축(兼收幷蓄) : 서로 다른 내용을 배제하지 않고 받아들이고 보존한다.

# 命运共同体

命运共同体是中国国家主席习近平提出的重要理念之一. 截止到2015年5月, 他已经60多次公开谈到这一理念. 2013年3月, 他在莫斯科国际关系学院演讲时, 第一次明确提出这一理念. 他说: "这个世界, 各国相互联系, 相互依存的程度空前加深, 人类生活在同一个地球村里, 生活在历史和现实交汇的同一个时空里, 越来越成为你中有我, 我中有你的命运共同体."

2015年3月, 他在博鳌的演讲中, 提出了迈向命运共同体的 "四个坚持": 坚持各国相互尊重, 平等相待, 坚持合作共赢, 共同发展, 坚持实现共同, 综合, 合作, 可持续的安全, 坚持不同文明兼容并蓄, 交流互鉴. 早在2013年3月, 他在访问坦桑尼亚时谈到: "这段历史告诉我们, 中非从来都是命运共同体, 共同的历史遭遇, 共同的发展任务, 共同的战略利益把我们紧紧联系在一起."

# 운명공동체

'운명공동체'는 시진핑(習近平) 주석이 제기한 중요한 이념 중의 하나다. 2015년 5월까지 그는 60여 차례나 이 이념을 공개적으로 언급했다. 2013년 3월 시 주석은 모스크바 국제관계대학에서 처음으로 이 이념을 명확히 제기했다. 그는 "지금의 세계를 보면 각국은 전례 없이 서로 연결되고 서로 의존하고 있다. 인류는 하나의 지구촌에 살고 있으며 역사와 현실이 만나는 같은 시공에서 생활하고 있어, 점점 '내 속에 네가 있고, 네 속에 내가 있는 운명공동체'를 형성해 나가고 있다"고 말했다.

2015년 3월 시 주석은 보아오(博鰲)포럼 연설에서 운명공동체를 향해 나가기 위한 '4가지 견지할 내용'을 천명했다. 즉 각국 간의 상호 존중과 평등을 견지하고, 협력 상생과 공동발전을 견지하며, 공동, 종합, 협력 등 지속가능한 안전을 견지하고, 서로 다른 문명 간 상호 포용과 교류를 견지해야 한다는 것이었다. 2013년 3월 시 주석은 탄자니아를 방문하면서 "역사는 중국과 아프리카가 처음부터 운명공동체였다는 것을 말해주고 있다. 공동의 역사, 공동의 발전과제, 공동의 전략이익이 우리를 긴밀히 연결시켜 주었다"고 말했다.

# 共建网络空间命运共同体

2015年12月16日，在中国乌镇召开的第二届世界互联网大会上，习近平发表主旨演讲，重点论述了"网络空间命运共同体"的理念。他说，网络空间是人类共同的活动空间，网络空间前途命运应由世界各国共同掌握。实际上，这一理念在习近平2014年致首届互联网大会的贺词中就已经提到。本届会议期间，他再度提及并进一步提出了共建网络空间命运共同体的5点主张：第一，加快全球网络基础设施建设，促进互联互通。第二，打造网上文化交流共享平台，促进交流互鉴。第三，推动网络经济创新发展，促进共同繁荣。第四，保障网络安全，促进有序发展。第五，构建互联网治理体系，促进公平正义。共建网络空间命运共同体，这是中国领导人在互联网领域提出的中国主张，也需要国际社会共同努力才能实现。

# 인터넷 공간에서 운명공동체를 공동으로 구축하자

2015년 12월 16일 중국 저장(浙江)성 우전(烏鎭)에서 열린 '제2회 세계 인터넷대회'에서 시진핑 중국 국가주석은 기조연설을 통해 '인터넷 공간에서의 운명공동체'라는 이념에 대해 중점적으로 말했다. 그는 인터넷 공간은 인류의 공동 활동공간으로 인터넷 공간의 장래와 운명은 세계 각국이 공동으로 결정해야 한다고 말했다. 사실 이 이념은 시 주석이 지난 2014년 '제1회 세계 인터넷대회'에 보낸 축하 메시지에서 이미 언급했던 것이다.

이번 회의기간에 그는 또다시 이를 언급하면서 인터넷 공간에서의 운명공동체를 공동으로 구축하기 위한 5가지 주장을 제기했다. 첫째, 글로벌 인터넷 인프라건설을 가속화하여 서로간의 연결을 촉진시킨다. 둘째, 인터넷 문화교류의 공유 플랫폼을 구축하여 서로 간의 교류와 귀감이 되기를 촉구시킨다. 셋째, 인터넷경제의 혁신발전을 추진하여 공동 번영을 촉진시킨다. 넷째, 인터넷 안보를 보장하여 질서 있는 발전을 촉진시킨다. 다섯째, 인터넷 거버넌스 체계를 구축하여 공평과 정의를 촉진시킨다.

인터넷 공간에서 운명공동체를 공동으로 구축하자는 것은 중국 지도자가 인터넷 분야에다 내놓은 중국의 주장이다. 이는 국제사회의 공동 노력을 통해야만 실현될 수 있는 것이다.

# 总体国家安全观

2014年4月，习近平在主持召开中央国家安全委员会第一次会议时强调，坚持总体国家安全观，以人民安全为宗旨，以政治安全为根本，以经济安全为基础，以军事、文化、社会安全为保障，以促进国际安全为依托，走出一条中国特色国家安全道路。贯彻落实总体国家安全观，必须既重视外部安全，又重视内部安全，对内求发展、求变革、求稳定、建设平安中国，对外求和平、求合作、求共赢、建设和谐世界；既重视国土安全，又重视国民安全，坚持以民为本、以人为本，坚持国家安全一切为了人民、一切依靠人民，真正夯实国家安全的群众基础；既重视传统安全，又重视非传统安全，构建集政治安全、国土安全、军事安全、经济安全、文化安全、社会安全、科技安全、信息安全、生态安全、资源安全、核安全等于体的国家安全体系；既重视发展问题，又重视安全问题，发展是安全的基础，安全是发展的条件，富国才能强兵、强兵才能卫国；既重视自身安全，又重视共同安全，打造命运共同体，推动各方朝着互利互惠、共同安全的目标相向而行。

# 총체적 국가안전관

2014년 4월 시진핑(習近平) 주석은 중앙국가안전위원회 제1차 회의를 주재하면서 '총체적 국가안전관'을 견지해야 한다고 강조했다. 인민의 안전을 목적으로 하고, 정치적 안전을 근본으로 하며, 경제적 안전을 기반으로 하고, 군사·문화·사회 안전을 보장하며, 국제안전을 바탕으로 삼아 중국특색의 국가안전의 길을 개척해 나가야 한다고 말했다. 총체적 국가안전관을 관철시키려면 반드시 외부안전은 물론 내부안전도 중요시해야 한다. 내적으로는 발전과 개혁, 안정을 추구하고 '평안(平安)중국'의 건설을 추진하고, 외적으로는 평화, 협력, 상생을 추구하고 화해세계를 건설한다. 또한 국토안전과 국민안전을 중요시하고, 사람을 근본으로 하는 인본주의를 견지하고, 국가안전은 인민을 위한, 인민에 의한 것이라는 이념을 견지하고, 국가안전의 민중 기반을 튼튼하게 한다. 전통안전 및 비 전통안전도 중요시한다. 정치안전, 국토안전, 경제안전, 문화안전, 사회안전, 과학기술안전, 정보안전, 생태안전, 자원안전, 핵안전을 아우르는 일체화된 안전체제를 구축한다. 발전문제와 함께 안전문제도 중요시한다. 발전은 안전의 기초이고, 안전은 발전의 조건이다. 국가가 부강해야 군대도 강하고, 군대가 강해야 국가를 지킬 수 있다. 자신의 안전을 중요시할 뿐 아니라, 공동의 안전도 중요시해야 한다. 운명공동체를 구축하면서 각 구성원들은 호리호혜(互利互惠)[13]와 공동안전이란 목표를 향해 함께 나가야 한다.

---

13) 서로에게 이롭고 도움이 되는 것.

# 新型亚洲安全观

2014年5月，习近平主席在上海举行的亚信峰会上，提出了共同安全，综合安全，合作安全，可持续安全的亚洲安全观. 他建议，创新安全理念，搭建地区安全合作新架构，努力走出一条共建，共享，共赢的亚洲安全之路.

共同安全，就是要尊重和保障每一个国家安全. 综合安全，就是要统筹维护传统领域和非传统领域安全. 合作安全，就是要通过对话合作，促进各国和本地区安全. 可持续安全，就是要发展和安全并重以实现持久安全.

# 신형 아시아 안보관

2014년 5월 시진핑(習近平) 국가주석은 상하이에서 열린 '아시아 교류 및 신뢰구축 정상회의'에서 공동안보, 종합안보, 협력안보, 지속가능한 안보라는 '아시아 안보관'을 제시했다. 그는 안보이념을 혁신하여 지역안보협력의 새로운 구도를 만들어 공동건설, 공유, 상생의 아시아 안보의 길을 열어나가자고 제안했다. 공동안보란 모든 국가의 안보를 존중하고 보장하는 것이다. 종합안보란 전통분야와 비(非)전통분야의 안보를 통합적으로 수호하는 것이다. 협력안보란 대화와 협력을 통해 각국 및 아시아지역의 안보를 촉진시키자는 것이다. 지속가능한 안보란 발전과 안보를 병행시켜 항구적 안전을 실현하는 것이다.

# 维护和发展开放型世界经济

中国倡导维护和发展开放型世界经济，主张各国应进一步扩大相互开放，旗帜鲜明地反对各种形式的贸易保护主义，齐心协力做大世界经济这块大蛋糕。为此，各国应维护自由、开放、非歧视的多边贸易体制，不搞排他性贸易标准、规则、体系，避免造成全球市场分割和贸易体系分化。要探讨完善全球投资规则，引导全球发展资本合理流动，更加有效地配置发展资源。

# 개방경제를 수호하고 발전시켜야 한다

중국은 개방형 세계경제를 수호하고 발전시킬 것을 제창하여 각국이 서로에게 개방을 더욱 확대하고 모든 형식의 무역보호주의를 명확히 반대하며, 서로 힘과 마음을 합쳐 세계경제의 케이크를 더 크게 만들 것을 주장한다. 이를 위해 각국은 자유, 개방, 차별 없는 다자무역체제를 수호해야 하고, 배타적 무역메커니즘, 규칙, 체제를 세우지 말아야 하며, 글로벌시장의 분할과 무역체계의 분화를 방지해야 한다. 또한 글로벌 투자규칙의 보완을 검토하고 글로벌 발전자본의 합리적 유동을 유도해 더 효과적으로 발전자원이 배치되도록 해야 한다.

# 完善全球经济治理

　　中国提出的完善全球经济治理的根本目标是推动经济全球化朝着均衡，普惠，共赢的方向发展．均衡，就是要兼顾发达国家和发展中国家需求，平衡发达国家和发展中国家关切．普惠，就是要把各种实实在在的利益和好处带给所有国家，惠及各国人民．共赢，就是要把本国利益同他国利益结合起来，把本国发展同各国共同发展联系起来．全球经济治理应该由世界各国共同参与，特别是增加新兴市场国家和发展中国家的代表性和发言权．

# 전 세계의 경제통치를 개선시켜야 한다

중국이 제시한 글로벌 경제관리 보완의 근본 목표는 경제의 글로벌화가 균형적이고, 보편적 혜택을 줄 수 있으며, 윈-윈의 방향으로 나갈 수 있도록 하는 데 있다. 균형이란 선진국과 발전도상국가의 욕구를 통합적으로 고려하고 선진국과 발전도상국가의 관심사를 균형 있게 잡아주는 것이다. 보편적 혜택이란 갖가지 실제적 이익과 혜택 등을 모든 국가, 각국 국민에게 돌아가게 하는 것이다. 윈-윈이란 자국의 이익과 타국의 이익을 결합시키고 자국의 발전과 타국의 발전을 연결시키는 것이다. 글로벌 경제관리에는 세계 각국이 공동으로 참여해야 하고, 특히 신흥시장 국가와 발전도상국가들의 대표성과 발언권을 높여 나가야 한다.

# 正确的义利观

中国主张，在国际关系中，要妥善处理义和利的关系．政治上，要遵守国际法和国际关系基本原则，秉持公道正义，坚持平等相待．经济上，要立足全局，放眼长远，坚持互利共赢，共同发展，既要让自己过得好，也要让别人过得好．

习近平主席指出：义，反映的是我们的一个理念．这个世界上一部分人过得很好，一部分人过得很不好，不是个好现象．真正的快乐幸福是大家共同快乐，共同幸福．中国希望全世界共同发展，特别是希望广大发展中国家加快发展．利，就是要恪守互利共赢原则，不搞我赢你输，要实现双赢．中国有义务对贫穷的国家给予力所能及的帮助，有时甚至要重义轻利，舍利取义，绝不能惟利是图，斤斤计较．正确义利观承继了中国外交的优良传统，体现了中国特色社会主义国家的理念．

# 정확한 의리관(義利觀)

중국은 국제관계에 있어서 '의(義, 의리)'와 '이(利, 이익)'의 시각을 갖고 적절히 처신해야 한다고 주장하고 있다. 정치적으로 국제법과 국제관계의 기본원칙을 준수해야 하고 공평과 정의를 견지하며 서로 평등하게 대해야 한다. 경제적으로 거시적 입장에서 긴 안목을 가지고 서로를 이롭게 하며 상생하면서 공동발전을 견지하도록 해야 한다. 곧 자신뿐만 아니라 남도 잘 살 수 있도록 해야 한다는 것이다.

이에 대해 시진핑 국가주석은 다음과 같이 밝힌 바 있다. "'의'는 우리들의 이념을 반영한 것이다. 이 세상에서 일부 사람들은 잘 살고 있으나 일부 사람들은 못 살고 있다. 이것은 바람직한 현상이 아니다. 진정한 기쁨과 행복은 모두가 기뻐하고 행복해하는 것이다. 중국은 전 세계가 공동으로 발전하고, 특히 많은 개도국들이 빨리 발전하기를 바라고 있다. '이'라는 것은 서로를 이롭게 하며 상생하는 원칙을 고수하고, '제로섬' 게임이 아닌 '윈-윈'을 실현하는 것을 말한다. 중국은 빈곤국가에게 힘이 닿는 데까지 도움을 줄 의무를 가지고 있다. 어떤 경우에는 의리를 중요시해 이익을 가벼이 여기거나, 심지어는 아예 이익을 포기하고 의리를 선택할 경우도 있다. 절대로 이익에만 눈이 멀어서 세세하게 따져서는 안 된다."

정확한 '의리관'은 중국외교의 우수한 전통을 계승한 것으로 중국특색의 사회주의 국가이념을 잘 보여 주는 것이다.

# '共同但有区别的责任' 原则

"共同但有区别的责任"发端于上世纪70年代初. 1972年斯德哥尔摩人类环境会议宣示, 保护环境是全人类的"共同责任"; 会议同时指出, 发展中国家的环境问题"在很大程度上是发展不足造成的", 这已是"共同但有区别的责任"的雏形.

1992年,《联合国气候变化框架公约》第四条正式明确了这一原则. 根据这个原则, 发达国家要率先减排, 并向发展中国家提供资金和技术支持; 发展中国家仍以经济和社会发展及消除贫困为首要和压倒一切的优先事项, 在得到发达国家技术和资金支持的情况下, 采取措施减缓或适应气候变化. 这一原则也一直是中国参与国际气候谈判的基础.

# '공동의, 그러나 차별화된 책임'의 원칙

'공동의, 그러나 차별화된 책임'은 1970년대 초반에 제기된 개념이다. 1972년 스톡홀름 유엔 인간환경회의는 환경을 보호하는 것은 전 인류의 '공동책임'이라고 선언하는 동시에 발전도상국가의 환경문제는 대체적으로 '발전부족'으로 인해 조성된 것이라고 지적했다. 이것은 '공동의, 그러나 차별화된 책임'의 초기형태라 할 수 있다.

1992년 〈유엔 기후변화 기본협약〉 제4조는 이 원칙을 공식으로 확정했다. 이 원칙에 따르면 선진국들은 솔선수범해 온실가스 배출을 줄여야 하며, 개발도상국가들에게 자금과 기술지원을 제공해야 한다. 개발도상국가들도 경제와 사회의 발전 및 빈곤퇴치를 가장 중요하고 가장 우선적인 과제로 놓으면서, 동시에 선진국의 기술과 자금지원을 활용해 기후변화를 완화시키거나 적응해 나가야 한다. '공동의, 그러나 차별화된 책임'의 원칙은 중국이 국제기후협상에 참여하는 기반이다.

# 中国的核安全观

2014年3月24日，在荷兰海牙举行的第三届核安全峰会上，中国国家主席习近平发表重要讲话，首次全面阐述了中国的核安全观．其主要内容可以概括为四句话：一是发展和安全并重，以确保安全为前提发展核能事业．二是权利和义务并重，以尊重各国权益为基础推进国际核安全进程．三是自主和协作并重，以互利共赢为途径寻求普遍核安全．四是治标和治本并重，以消除根源为目标全面推进核安全努力．此外，中国还承诺，为实现持久核安全，愿意继续作出自己的努力和贡献．由此，中国成为第一个正式提出核安全观的国家．

# 중국의 핵 안보관

2014년 3월 24일 네덜란드 헤이그에서 열린 제3차 핵안보 정상회의에서 시진핑 중국 국가주석은 처음으로 중국의 핵 안보관을 전면적으로 밝혔다.

주요 내용은 다음의 4가지로 요약할 수 있다. 첫째, 발전과 안전을 모두 중요시하여 안전을 보장한다는 전제 아래 핵에너지 사업을 발전시킨다. 둘째, 권리와 의무를 모두 중요시하여 각국의 권익존중을 기반으로 국제 핵 안보 프로세스를 추진한다. 셋째, 자주와 협력을 모두 중요시하여 호혜상생을 통한 보편적 핵 안보를 모색한다. 넷째, 표면과 근본을 모두 중요시하여 근원 제거를 목표로 전면적 핵 안보를 추진한다.

이밖에도 중국은 영구적인 핵 안보를 실현하기 위해 자체적인 노력과 기여를 할 것임을 약속했다. 이에 따라 중국은 공식적으로 핵 안보관을 제시한 첫 번째 국가가 되었다.

# 交流互鉴的文明观

中国倡导交流互鉴的文明观，其核心内涵是：文明是多彩的，人类文明因多样才有交流互鉴的价值；文明是平等的，人类文明因平等才有交流互鉴的前提；文明是包容的，人类文明因包容才有交流互鉴的动力。当今世界，人类生活在不同文化、种族、肤色、宗教和不同社会制度所组成的世界里，各国人民形成了你中有我、我中有你的命运共同体。应该推动不同文明相互尊重、和谐共处，让文明交流互鉴成为增进各国人民友谊的桥梁、人类社会进步的动力、维护世界和平的纽带。应该从不同文明中寻求智慧、汲取营养，为人们提供精神支撑和心灵慰藉，携手解决人类共同面临的各种挑战。

# 교류와 상호 귀감의 문명관

중국은 서로 교류하고 참조하는 문명관을 제창하고 있다. 그 주요 내용은 다음과 같다. 문명은 다채로운 것이다. 인류문명은 다양하기 때문에 서로 교류하고 서로 참조하는 가치가 있는 것이다. 문명은 평등한 것이다. 평등하기 때문에 인류문명은 서로 교류하고 서로 참조해야 하는 전제가 생긴다. 문명은 포용적이다. 포용적이기 때문에 인류문명은 서로 교류하고 서로 참조하는 동력이 생긴다. 오늘날 인류는 서로 다른 문화, 종족, 피부색, 종교, 사회제도로 구성된 세계에 살고 있다. 각국 인민들은 "내 속에 네가 있고 네 속에 내가 있다"는 운명공동체로 형성되어 있다. 서로 다른 문명 간의 상호 존중, 화합공존을 추진하여 문명의 상호 교류와 상호 참조를 각국 인민 간의 우정을 증진시키는 다리, 인류사회가 진보하는 동력, 세계평화를 수호하는 유대가 각각 만들어지도록 해야 한다. 또한 서로 다른 문명에서 지혜와 양분을 흡수해 인류를 위한 정신적 지주와 마음의 위안을 제공하여 인류가 직면하는 갖가지 도전을 공동의 힘으로 이겨내도록 해야 한다.

# '一带一路'

　　"一带一路"是"丝绸之路经济带"和"21世纪海上丝绸之路"的简称. 2013年9月和10月, 中国国家主席习近平出访中亚和东南亚时, 分别提出了与相关国家共同建设"新丝绸之路经济带"和"21世纪海上丝绸之路"的倡议. 该倡议以实现"政策沟通, 设施联通, 贸易畅通, 资金融通, 民心相通"为主要内容, 以共商, 共建, 共享为原则, 实实在在地造福沿线国家和人民. "一带一路"主要涵盖东亚, 东南亚, 南亚, 西亚, 中亚和中东欧等国家和地区. "一带一路"建设符合有关各方共同利益, 顺应地区和全球合作潮流, 得到了沿线国家的积极响应. 截止到2016年7月底, 已有70多个国家和国际, 地区组织表达了支持和参与"一带一路"建设的积极意愿, 30多个国家和国际组织与中国签署了共建"一带一路"政府间合作协议.

# '일대일로(육상·해상 실크로드정책)'

'일대일로'는 '실크로드 경제지대'와 '21세기 해상실크로드'의 약칭이다. 2013년 9월과 10월 시진핑 주석은 중앙아시아와 동남아시아를 순방하면서 관련 국가와 공동으로 '새로운 실크로드 경제지대'와 '21세기 해상 실크로드'를 건설하자고 제창했다. 이 이니셔티브[14]는 '정책의 소통(疏通), 시설의 연통(聯通), 무역의 창통(暢通), 자금의 융통(融通), 민심의 상통(相通)'을 실현시키는 것을 골자로 하고 있다.

'일대일로'의 건설을 추진하기 위해 중국은 국내에 '일대일로'의 건설을 위한 영도소조(領導小組, 지도팀)를 구성해 실크로드의 주변국가와 협상을 진행해왔다. 그러다가 마침내 2015년 3월 〈실크로드 경제지대와 21세기 해상 실크로드의 공동건설을 추진하기 위한 비전과 행동〉을 발표했던 것이다.

---

14) 주장이 되는 위치에서 이끌거나 지도할 수 있는 권리

# 丝绸之路精神

历史上的商业通道——丝绸之路，作为人文社会的交往平台，多民族，多种族，多宗教，多文化在此交汇融合．千百年来，丝绸之路承载的和平合作，开放包容，互学互鉴，互利共 赢精神薪火相传．中国与丝绸之路沿线国家在维护民族尊严，捍卫国家主权的斗争中相互支持，在探索发展道路，实现民族振兴的道路上相互帮助，在深化人文交流，繁荣民族文化的事业中相互借鉴．习近平主席提议，新时期弘扬丝绸之路精神，就是要促进文明互鉴，尊重道路选择，坚持合作共赢，倡导对话和平．

# 실크로드 정신

역사상 무역교통로였던 실크로드는 인문사회 교류의 플랫폼이기도 했는데, 여기에는 다민족, 다종족, 다종교, 다문화 등이 모여 융합되어 있다. 수 천 년 동안 실크로드에 융합된 평화협력, 개방과 포용, 서로 배우고 서로에게 귀감이 되며, 서로에게 이로운 상생의 정신은 대를 이어 오늘날까지 이어져 오게했다. 중국과 실크로드의 주변 국가들은 나라와 민족의 존엄, 그리고 국가의 주권을 수호하는 싸움에서 서로를 지지했고, 발전하는 길을 모색했으며, 민족을 중흥시키는 길 위에서 서로를 도왔다. 또한 인문교류를 강화하고 민족문화를 번영시키는 사업에서 상대방의 것을 참고했다. 시진핑 국가주석은 새로운 시기에 실크로드의 정신을 선양하는 것은 바로 문명의 상호 거울이 될 수 있도록 촉진시키고, 발전의 길을 선택한 것에 대해 존중하며, 협력상생을 고수하고, 대화와 평화를 제창하는 것이라고 강조했다.

# 丝路基金

2014年11月8日，中国国家主席习近平宣布，中国将出资400亿美元成立丝路基金．丝路基金将为"一带一路"沿线国基础设施建设，资源开发，产业合作等有关项目提供投融资支持．它同其他全球和区域多边开发银行的关系是相互补充而不是相互替代的，将在现行国际经济金融秩序下运行．丝路基金绝非简单的经济援助，"而是通过互联互通为大家的发展创造新的重大发展机遇．丝路基金是开放的，欢迎亚洲域内外的投资者积极参与．它的成立，将会助推"一带一路"建设和亚洲地区互联互通．

# 실크로드 기금

2014년 11월 8일 시진핑 주석은 중국이 400억 달러를 출자하여 실크로드 기금을 조성할 것을 공표했다. 실크로드 기금은 일대일로(一帶一路) 주변 국가들의 인프라 건설, 자원개발, 산업협력 등 관련 프로젝트를 위해 투자나 융자를 통해 지원하는데 사용한다. 이 기금은 다른 지역의 다자 개발은행과 상호 보완하는 관계이지, 결코 서로 대치하는 관계가 아니다. 그리고 이 기금은 현행 국제금융질서에 따라 운용된다. 또한 실크로드 기금은 결코 단순한 '경제원조'가 아니라 상호 교류를 통해 각국의 발전을 위한 중요한 기회를 창출하는 것을 목적으로 하고 있다. 실크로드 기금은 개방적인 기구로서 아시아 지역 내외에 있는 투자자들의 적극적인 참여도 환영한다. 실크로드 기금의 설립은 '일대일로' 건설과 아시아지역의 상호 교류를 가속화할 것이다.

# 构建中美新型大国关系

2013年6月，中国国家主席习近平与美国总统奥巴马在安纳伯格庄园会晤，提出共同努力构建中美新型大国关系。关于中美新型大国关系的内涵，习主席在会晤中用三句话作了概括：一是不冲突，不对抗。二是相互尊重。三是合作共赢。不冲突对抗，是构建中美新型大国关系的必要前提。相互尊重，是构建中美新型大国关系的基本原则。合作共赢，是中美构建新型大国关系的必由之路。

# 중·미 신형 대국관계의 구축

2013년 6월 시진핑 국가주석은 오바마 미국 대통령과 서니랜즈 (Sunnylands)에서 회담을 열고 합심 노력하여 중-미 신형 대국관계를 구축하자고 제안했다. 중-미 신형 대국관계에 대해 시 주석은 회담에서 다음과 같이 요약하여 말했다. 첫째, 충돌하지 않고 대항하지 않는다. 둘째, 서로 존중한다. 셋째, 협력 상생한다. 충돌하지 않고 대항하지 않는다는 것은 중-미 신형 대국관계를 구축하는 필수적인 전제이고, 상호 존중은 중-미 신형 대국관계를 구축하는 기본 원칙이며, 협력 상생은 중국과 미국이 신형 대국관계를 구축하기 위해 반드시 거쳐야 할 길이다.

# 瀛台会晤

2014年11月11日晚，中国国家主席习近平同美国总统奥巴马在北京中南海瀛台就中美关系及共同关心的重大国际和地区问题，进行了坦诚，轻松的非正式会晤．两国元首以瀛台漫步的轻松形式展开了长时间的会晤．习近平借古喻今，向奥巴马讲述了古老瀛台的历史由来．他说，当代中国人的思维，中国政府的治国方略，浸透着中国传统文化的基因．中美国情各异，历史文化，发展道路，发展阶段不同，应该相互理解，相互尊重，聚同化异，和而不同．奥巴马总统对此回应道，会谈加深了他对中国的国情以及中国政府和领导人执政理念的了解，更加理解中国人民为何珍惜国家统一和稳定，美国无意遏制或围堵中国，愿意同中方坦诚沟通对话，增进相互了解，欢迎中国在国际事务中发挥建设性作用，愿同中方携手应对各种全球性挑战，共同促进亚太和世界和平与安全．瀛台会晤是继中美两国元首在美国加州安纳伯格庄园举行"不打领带"的非正式会晤后，中美首脑外交的又一创新安排，有利于双方在战略层面理解彼此意图，增进战略互信，展现了中美两国致力于构建中美新型大国关系的决心．

# 중난하이(中南海) 잉타이(瀛臺)에서의 시진핑·오바마 회동

2014년 11월 11일 저녁 시진핑 중국 국가주석과 미국 오바마 대통령이 베이징 중난하이 잉타이에서 중미 관계 및 공동 관심사인 중대한 국제적 지역적 문제에 대해 진솔하게 의견을 나누는 비공식 회동을 가졌다. 양국 정상은 잉타이를 산책하면서 아주 편안한 상태로 장시간 동안 회동했는데, 시진핑 주석은 역사를 통해 오늘의 현실을 비유하는 방식으로 먼저 오바마 대통령에게 유구한 잉타이의 유래에 대해 설명해 주었다. 이어 시 주석은 현대 중국인들의 사유와 중국정부의 국정운영 정책은 중국전통문화가 침투되어 있는 바탕에서 기인하고 있다면서 중국과 미국의 국정이 서로 다르고, 역사 문화, 발전과정, 발전단계가 서로 다르기 때문에, 서로 이해하고 서로 존중해 주어야 하며, 서로의 공통점을 모아 이견을 해소하고, '화이부동'[15]해야 한다고 강조했다. 이에 오바마 대통령은 이번 회동을 통해 중국의 국가실정과 중국정부 및 지도자들의 집권이념을 더욱 깊이 이해하게 되었고, 중국 국민들이 국가통일과 안정을 귀중히 여기는 이유를 깨닫게 되었다고 밝혔다. 그는 미국은 중국을 압박하거나 봉쇄하려는 의도가 없으며, 중국과 솔직하게 대화하여 소통함으로써 서로 간의 이해를 증진시키기를 바라고 있다고 말했다. 그는 또한 미국은 국제문제에서 중국의 건설적 역할을 환영하고, 중국과 손잡고 갖가지 전 세계에 도전하는 것에 대응하며, 공동으로 아태지역 및 세계의 평화와 안전을 촉진시키기를 바란다고 밝혔다.

잉타이 회동은 중미 양국 정상이 미국 캘리포니아주 써니랜드에서 노타이(No tie) 차림의 비공식 회동을 가진 후 이뤄진 또 하나의 혁신적인 중미 정상외교였다. 잉타이 회동은 쌍방이 전략적 차원에서 서로의 의도를 이해하고 전략적 상호 신뢰를 증진시키면서 중·미 양국이 신형 대국관계를 구축하겠다는 의지를 보여준 회담이었다.

---

15) 화이부동(和而不同) : 남과 어울리면서도 (맹종하지 않고) 자기 입장을 지키는 것.

## 提升中欧全面
## 战略伙伴关系

中欧是当今世界两大力量，两大市场，两大文明．在世界多极化，经济全球化，文化多样化，国际关系民主化的时代背景下，中欧合作更具全球性，战略性，示范性，对推动国际力量平衡，促进世界和平与发展意义重大．

2014年4月，习近平主席在布鲁日欧洲学院发表演讲时提议：要建设和平稳定之桥，把中欧两大力量连接起来．建设增长繁荣之桥，把中欧两大市场连接起来．建设改革进步之桥，把中欧两大改革进程连接起来．建设文明共荣之桥，把中欧两大文明连接起来．

# 전면적 전략동반자관계로 격상된 중·유럽 관계

오늘날 중국과 유럽은 세계의 양대 파워지역이고, 양대 시장이며, 양대 문명권이다. 세계의 다극화, 경제의 글로벌화, 문화의 다양화, 국제관계의 민주화라는 시대적 배경 속에서 중·유럽의 협력은 글로벌적이고, 전략적이며, 시범적인 효과를 가지고 있기 때문에 국제적 힘의 균형, 세계평화와 발전에 중대한 의미를 가진다. 2014년 4월 시진핑 국가주석은 벨기에의 브루지(Bruges, Belgium)에 위치한 유럽 컬리지(The College of Europe)에서 연설할 때 다음과 같이 제창했다. 평화와 안정의 다리를 건설하여 중국과 유럽의 양대 파워를 연결하고, 성장과 번영의 다리를 건설하여 중국과 유럽의 양대 시장을 연결하며, 개혁과 진보의 다리를 건설하여 중국과 유럽의 양대 개혁역정을 연결하고, 문명과 공영(共榮)의 다리를 건설하여 중국과 유럽의 양대 문명을 연결하자고 했다.

# '亲，诚，惠，容'
## 的周边外交理念

"亲，诚，惠，容"是中国与周边国家发展关系提出的重要理念. 周边国家在中国外交总体格局中占据首要位置和极为重要的战略意义. 稳定安宁的地区环境，是中国和周边国家的共同期许. 无论是从理智上还是从感情上，中国都认为与邻为善，以邻为伴是唯一正确的选择. 因此，中国主张亲、诚、惠、容的周边外交理念. 所谓亲，就是坚持睦邻友好，守望相助；讲平等，重感情；常见面，多走动；多做得人心，暖人心的事，增强亲和力，感召力，影响力. 所谓诚，就是诚心诚意对待周边国家，争取更多朋友和伙伴. 所谓惠，就是本着互惠互利的原则同周边国家开展合作，编织更加紧密的共同利益网络，让周边国家得益于中国发展，使中国也从周边国家共同发展中获得裨益和助力. 所谓容，就是倡导包容的思想，强调亚太之大容得下大家共同发展，以更加开放的胸襟和更加积极的态度促进地区合作.

# '친근, 성실, 호혜, 관용'의
# 주변외교 이념

친(親)[16], 성(誠)[17], 혜(惠)[18], 용(容)[19]은 중국과 주변국가의 관계발전에 있어서 중요한 이념이다. 주변 국가는 중국의 전반적인 외교 판도에서 최우선적 위치를 차지하고 있으며, 매우 중요한 전략적 의미를 가지고 있다. 안녕 되고 안정된 지역 환경은 중국과 주변국가의 공동적인 바람이다. 이성적으로나 정서적으로나 중국은 이웃과 화목하게 지내고 이웃을 동반자로 생각하고 있으며 이는 유일하고 정확한 선택이다. 따라서 중국은 친, 성, 혜, 용의 주변외교 이념을 주장하는 것이다. '친'이란 이웃과의 우호관계를 견지하면서 서로 돕고, 평등과 정을 중요시하고, 자주 방문하고 만나며, 인심을 얻을 수 있는 따뜻한 일을 많이 함으로서 친화력, 감화력, 영향력을 강화한다는 것이다. '성'이란 성심성의껏 주변 국가를 대하고 더 많은 친구와 동반자를 얻어내자는 것이다. '혜'란 서로에게 이롭고 도움이 되는 것을 원칙으로 하여 주변국가와의 협력을 통해 더욱 긴밀한 공동이익 네트워크를 만들어, 주변 국가들이 중국의 발전에서 이익을 얻을 수 있도록 하고, 중국도 주변국가와의 공동발전 과정에서 도움과 보탬을 얻을 수 있도록 하는 것이다. '용'이란 포용사상을 제창한 것으로 아태지역의 규모가 큰 만큼 모두의 공동발전을 충분히 수용할 수 있다는 점을 강조하여, 더욱 열린 마음과 적극적인 자세로 지역협력을 추진해 나가자는 것이다.

---

16) 친(親) : 친근(전통 우의의 계승)
17) 성(誠) : 성실(도의·신의를 중시)
18) 혜(惠) : 호혜(상생)
19) 용(容) : 관용(포용과 개방적 발전의 실현)

# 对非'真，实，亲，诚'

2013年3月，习近平主席在达累斯萨拉姆发表演讲，总结中非友好关系发展历史经验，全面阐述了新时期中非共谋和平，同促发展的政策主张。第一，对待非洲朋友，讲一个"真"字，始终把发展同非洲国家的团结合作作为中国对外政策的重要基础。第二，开展对非合作，讲一个"实"字，只要是中方作出的承诺，就一定会不折不扣落到实处。第三，加强中非友好，讲一个"亲"字。中非人民有着天然的亲近感，要更加重视中非人文交流，积极推动青年交流，使中非友好事业后继有人。第四，解决合作中的问题，讲一个"诚"字，中方坦诚面对中非关系面临的新情况新问题，本着相互尊重，合作共赢的精神加以妥善解决。

# 아프리카에 대한
## '진실, 착실, 친근, 성실'의 정책

2013년 3월 시진핑 국가주석은 탄자니아의 옛 수도인 다르에스살람(Dar es Salaam)에서 연설할 때, 중국·아프리카의 우호관계 발전역사를 회고하면서 새로운 시기 중국과 아프리카는 공동으로 평화를 추구하고, 공동으로 발전을 촉진시키자는 정책 주장을 전면적으로 천명했다. 이를 위해 첫째, 아프리카 친구들에게 '진실'을 중요시하면서 아프리카 국가와의 단결과 협력을 발전시키는 것을 중국 대외정책의 중요한 기초로 삼을 것이다. 둘째, 아프리카와의 협력에서 '착실'을 중요시하여 중국은 일단 약속을 하면 반드시 착실하게 지킬 것이다. 셋째, 중·아프리카의 우호는 '친근'을 중요시할 것이다. 중국과 아프리카 인민들은 역사적 친근감을 갖고 있으므로 중·아프리카 간 인문교류와 청년교류를 적극적으로 추진하여 중·아프리카의 친선사업이 지속적으로 계승 발전될 수 있도록 해야 할 것이다. 넷째, 협력과정에서 부딪치는 문제를 해결할 때는 '성실'을 중요시 할 것이다. 중·아프리카 관계의 새로운 상황과 새로운 문제를 허심탄회하게 바라보면서 서로를 존중하고, 협력하며 상생한다는 정신으로 원만하게 해결토록 해야 할 것이다.

# 中非全面战略合作伙伴关系

2015年12月5日，中国国家主席习近平在中非合作论坛约翰内斯堡峰会上，全面阐述了中国对非关系政策理念，提出把中非关系由"新型战略伙伴关系"提升为"全面战略合作伙伴关系"。它由五大支柱支撑，即政治上的平等互信，经济上的合作共赢，文明上的交流互鉴，安全上的守望相助，国际事务中的团结协作。为推进这一关系建设，习近平还同时提出了未来三年中方将同非方重点实施的"十大合作计划"，涉及工业化，农业现代化，基础设施，金融，减贫惠民等领域，这为中非全面战略合作伙伴关系建设夯实了基础。中非全面战略合作伙伴关系的确立，彰显了中国将秉持"真实亲诚"的对非政策理念和义利观，同非洲大陆携手迈向合作共赢，共同发展的新时代。

# 중·아프리카의 전면적 전략협력동반자 관계

2015년 12월 5일 시진핑 중국 국가주석은 남아프리카공화국 요하네스버그에서 열린 중·아프리카협력포럼(FOCAC)에서 중국의 아프리카에 대한 정책이념을 전면적으로 천명했다. 이 자리에서 시 주석은 중·아프리카의 관계를 '신형 전략동반자 관계'에서 '전면적 전략협력동반자관계'로 격상시킬 것을 제시했다. 이 '전면적 전략협력동반자관계'는 5가지 내용으로 구성되어 있다. 즉 정치적으로 서로 평등하고 신뢰하며, 경제적으로 협력 상생하고, 문명적으로 서로 교류하고 거울로 삼으며, 안보적으로는 서로 지켜보고 서로 도우며[20], 국제적인 일에서 서로 단결하고 협조한다. 이 관계의 구축을 추진하기 위해 시 주석은 산업화, 농업현대화, 인프라, 금융, 빈곤퇴치 등의 분야를 아우르는 '10대 협력 계획'을 제시했다. 이 계획은 앞으로 3년 동안 아프리카 국가들을 대상으로 시행될 예정이다. 이것은 중·아프리카 간 '전면적 전략협력동반자관계'의 구축을 위한 기반을 튼튼히 닦아 놓게 될 것이다.

중·아프리카 간 '전면적 전략협력동반자관계'의 확립은 중국이 아프리카에 대해 '진심, 착실, 친근, 성실'의 정책이념과 의리관(義利觀)[21]을 갖고 아프리카 대륙 국가들과 함께 협력 상생하는 새로운 시대로 공동 발전토록 하는데 매진하겠다는 의지를 보여준 것이다.

---

20) 수망상조(守望相助) : 외침이나 재난을 예방하기 위해 서로 감시해 주고, 비상시에는 상호 협조하여 대처하는 것.
21) 의리관(義利觀) : 의리를 앞세우면서도 이익을 추구해야 한다는 시각

## 편집위원회 명단

주　임 : 저우밍웨이(周明偉)

부주임 : 왕강이(王剛毅), 주잉황(朱英璜)

위　원 : 차이리젠(蔡力堅), 궁제스(宮結實), 허우궤이신(侯貴信),
　　　　 황차이전(黃才珍), 황이(黃宜), 황유이(黃友義), 자닝이(賈寧一),
　　　　 리잉난(李英男), 쑨하이옌(孫海燕), 왕푸(王復), 왕샤오훼이(王曉輝),
　　　　 왕중이(王衆一), 쉬밍창(徐明强), 양핑(楊平), 위훼이쥔(喩慧娟),
　　　　 위윈취안(于運全), 장중이 (張忠義)

편　집 : 딩제(丁潔), 리쉬(李旭), 멍링옌(孟令燕), 닝수광(寧曙光),
　　　　 쑨징신(孫敬鑫), 쑨밍(孫明), 왕위닝(王育寧), 양핑(楊平),
　　　　 위윈취안(于運全), 위안린(袁林)

번　역 : 김승일(金勝一)